T0384477

LA MAGIA
DE LOS SUEÑOS

TRIANA FERNÁNDEZ GÓMEZ

LA MAGIA
DE LOS SUEÑOS

MOLINO

Papel certificado por el Forest Stewardship Council®

Primera edición: octubre de 2024

© 2024, Triana Fernández Gómez
© 2024, Penguin Random House Grupo Editorial, S. A. U.
Travessera de Gràcia, 47-49. 08021 Barcelona
Ilustraciones del interior y de la cubierta: iStockphoto, Shutterstock
Diseño del interior y de la cubierta: Penguin Random House Grupo Editorial / Judith Sendra

Printed in Spain – Impreso en España

ISBN: 978-84-272-4043-8
Depósito legal: B-12.724-2024

Compuesto en Fotoletra, S. A.
Impreso en Gómez Aparicio, S. L.
Casarrubuelos (Madrid)

MO 40438

Al universo,
por poner en mi camino
la oportunidad
que soñé.

ÍNDICE

NOTA DE LA AUTORA

Querida persona curiosa que busca respuestas:

Encantada de conocerte y de conectar contigo a través de estas líneas. Me llamo Triana Fernández, aunque puedes llamarme Tri. Soy una traductora e intérprete que ama el mundo espiritual, la lectura, la música, cualquier contenido que tenga que ver con reflexionar, el psicoanálisis y... ¿Para qué engañarnos? También adoro ir de compras. Sé que ahora mismo tienes muchas preguntas sin resolver y no te haces una idea de las ganas que tengo de darte respuestas. Voy a estar aquí para ti, durante este viaje que vamos a emprender juntas.

Mi conexión con los sueños comienza antes de que yo estuviese pensada. Mi abuelo, Diego, era un locutor de radio conocido y, en ciertas ocasiones, presentaba un espacio en el que daba significados generales a algunos sueños de sus radioyentes. Increíble, ¿verdad?

Hace un par de años, cuando falleció, encontramos una serie de libros subrayados de los que sacaba la información para sus programas. Ahí me surgió la idea de comenzar a crear contenido en redes sobre los significados de los sueños. Decidí comenzar a estudiar lo que soñaba con diferentes técnicas que te mostraré lo largo de este camino que vamos a realizar en estas páginas. Mis interpretaciones no tardaron en hacerse virales y empecé a recibir miles de preguntas sobre sueños concretos que tenían mis seguidoras.

Hay muchas maneras de percibir los mensajes que nos quieren mostrar los sueños, existen lectoras más escépticas que no creen en ningún arrebato espiritual (de esos que a mí me flipan), las hay que creen en algo pero no saben en qué exactamente y también cuento con esas lectoras brujitas que ya están familiarizadas con el mundo de las predicciones y los sueños que contienen algún tipo de karma. (Ya hablaremos de esto con más detenimiento). Voy a explicar los contenidos de menos «místicos» a

más para que cualquier tipo de lectora se sienta cómoda. De lo general a lo específico.

No hay ni que decir que lo que tienes en tus manos no es el típico libro organizado alfabéticamente con palabras clave y significados genéricos. Este es ahora TU libro de significados de tus propios sueños. Un camino lleno de paradas prácticas, análisis de sueños que me han contado y a los que he intentado dar significado. Además, al final, te dejo una serie de rituales y truquitos para que puedas comenzar a analizar por ti misma y poner remedios caseros a ciertas situaciones.

Espero que lo disfrutes tanto como yo disfruto investigando, escribiendo y leyendo a todas las personas que me comentan sus casos.

Y ahora sí:

empieza nuestro viaje por...

los sueños

PRIMERA PARTE
INTRODUCCIÓN
AL MUNDO ONÍRICO

¿QUÉ PASA CUANDO DORMIMOS?

¿Quién no sueña? Todos tenemos aspiraciones, metas por cumplir, deseos de avanzar y superarnos... Aunque vivamos en el mundo y la época que nos ha tocado, seguimos igual de preocupados por lo que soñamos que nuestros ancestros. El mundo onírico es algo tan antiguo e intrigante que se lleva estudiando desde hace siglos. ¡Eones, diría yo!

Todos nos preguntamos a qué lugar nos transportamos cuando dormimos. Los artistas lo plasman en sus canciones; otros, en sus pinturas y algunas, simplemente filosofamos sobre ello. Las tribus antiguas que poblaban esta misma Península tenían entre sus miembros a un chamán, un sabio, un «elegido» que se dedicaba a interpretar esos sueños. A raíz de ellos, decidía si era un buen día para realizar entierros, salir a cazar, cultivar la tierra y hasta para que las embarazadas dieran a luz. Pueblos enteros estaban guiados por lo que sus guerreros soñaban, increíble, ¿verdad? Y es que todas las culturas se han interesado en su interpretación. Entre ellas, los antiguos griegos, que siempre han tenido esa chispa para dar respuesta a las preguntas que la ciencia no ha conseguido resolver. De este interés por comprender el mundo que nos rodea, nacen los distintos dioses para las situaciones cotidianas que tienen nuestros compis mediterráneos. Dioses para la guerra, el trabajo, la fertilidad, el cuidado del hogar y, lo que a nosotras nos interesa, un dios del sueño.

Los mitos que rodean a Morfeo son tan entretenidos como bellos, pero sobre todo, interesantes. El dios se dedicaba a llevar sueños tranquilos y hermosos a las personas influyentes de la época, como emperadores y reyes. Además, era uno de los mil hijos de Hipnos, la personificación del sueño. Toda una historia, ¿verdad?

Lo que quiero decirte con esto es que llevamos siglos, y te digo más, milenios, soñando. No somos las primeras en preguntarnos por este tema ni seremos las últimas. Es una acción diaria a la que no le prestamos toda la atención que deberíamos y que la ciencia no es capaz de explicar en su totalidad. ¿Y si existen elementos en nuestros sueños que no tienen una explicación científica, sino intuitiva? ¿Y si los sueños tuviesen una parte un tanto... mágica?

Es curioso ver cómo día a día nuestros cerebros procesan información de todo tipo y repiten acciones habituales y necesarias sin que les demos mucha importancia: respirar, parpadear, comer... Y, evidentemente, dormir.

¿Sabes qué es lo que ocurre en nuestro cuerpo cuando dormimos? Yo te lo explico. Ocurren dos procesos muy importantes:

- **El cuerpo y la mente sanan (se regeneran).**
- **Practicamos nuestra memoria a largo plazo (atesorando los recuerdos importantes de cada día y haciendo una pequeña selección de los mismos)**

La ciencia ha investigado en profundidad estos dos procesos, así como las distintas sustancias que nuestro cuerpo segrega para poder llevarlos a cabo. Pero cuando preguntamos a los expertos por el hecho en sí de soñar, sobre lo que significa para nosotros como seres humanos, no nos suelen dar una respuesta exacta. Es más, suelen decirnos lo que está comprobado científicamente y luego hablan de esa creencia personal que entra en juego con los sueños de cada persona. Nunca responden a aquellos que nos quieren transmitir algo y la ciencia no puede justificar. Por ejemplo, cuando vemos a difuntos dándonos un mensaje coherente sobre dónde encontrar una de sus pertenencias.

> *Hace no mucho tiempo, soñé con un señor mayor*
> *que me resultaba familiar me mostraba un libro que reconocí.*
> *Ese libro se hallaba en la biblioteca personal de mi difunto abuelo.*
> *Sobresaltada, me desperté y corrí a buscarlo. El sueño me mostró*
> *una imagen tan nítida que no había dudas. Era un mensaje que*
> *quería transmitirme una persona que ya no está.*

Como os decía, esto es solo un ejemplo de un sueño que escapa a las interpretaciones racionales de la ciencia y a cuya existencia los científicos no pueden dar respuesta. Estoy convencida de que muchas de vosotras habréis tenido experiencias de este tipo que desafían incluso a las mentes más escépticas. Y ahí es donde entra este libro: mi intención es ofreceros las herramientas para llenar este vacío en el ámbito de la interpretación de los sueños y ayudaros a darles sentido. Tanto si creéis en la magia como si no, este es un espacio seguro para reflexionar sobre este mundo que habitamos cada noche y al que no siempre le prestamos la atención que merece.

*Bruji*DATO

Por lo general, no se puede dar un significado común a los sueños que tiene cada ser pensante. Es decir, no todos los sueños ni personas somos iguales. Debemos tener claro que la manera de pensar de cada individuo ya es un mundo. ¡Y vaya mundo!

Te lo explicaré más adelante, pero quiero que dejemos claro aquí y ahora que los sueños, en su mayoría, son personales e intransferibles.

¿CUÁNDO SOÑAMOS?

Soñar no es algo tan simple como dormirte y listo. Al sueño se llega a través de distintas fases, que vamos a resumir en dos grandes bloques: REM y no REM.

La **fase REM** (del inglés *Rapid Eye Movement,* aunque también puede usarse el término en español MOR o «movimiento ocular rápido») dura entre setenta y noventa minutos, ocupando un 25 por ciento del ciclo del sueño. Si no descansamos bien durante esta etapa y no somos capaces de entrar en ella porque nos desvelamos con facilidad, nuestro cuerpo no se regenerará ni descansará de manera adecuada. En casos extremos de insomnio, se pueden dar incluso delirios, amnesia, cambios de humor severos y muchos síntomas graves.

Como el proceso del sueño es completamente cíclico, pasaremos varias veces por la fase REM y podremos tener entre tres y cinco sueños por noche.

Pero **¿qué pasa cuando SÍ entramos en ella?** Pues que nuestro cerebro comienza a regenerar, consolidar y cuidar esa memoria a largo plazo que tanta falta nos hace. Y sí, queridas amigas, empezamos a soñar.

No te imaginas la cantidad de brujitas que me hacen la siguiente pregunta:

Tritri, te escribo muy preocupada. Siempre que veo tus vídeos de interpretación de sueños, me doy cuenta de que nunca sueño. ¿Es eso malo? ¿Tiene alguna explicación? ¿Cómo podría mejorarlo?

Queridas, no es que no soñéis, a lo mejor es solo que no soléis entrar tan a menudo en la fase REM como para recordarlos. Además, es completamente normal olvidar lo que una sueña. Como te he dicho antes, el promedio de sueños por etapa de descanso, por noche, es de entre tres y cinco, ¡y lo habitual es recordar uno como mucho! Una buena manera de empezar a recordarlos mejor pasa por una buena higiene del sueño: debes dormir mejor para soñar mejor. Y, en muchos casos no es tan complicado, basta con cambiar pequeños hábitos cotidianos que, según los expertos, van desde la alimentación hasta la forma de afrontar distintas situaciones de la vida en las que sufrimos choques emocionales.

*Bruji*TIP

¿No recuerdas tus sueños? Ten al lado de tu cama lápiz y papel con los que escribirlo tan pronto como te despiertes; de esta manera, podrás plasmar hasta los sueños que más se te resistan.

LOS TIPOS DE SUEÑOS

En este libro, quedarán plasmadas las tres categorías de sueños más habituales que podemos experimentar. Son estas:

Reflejos del subconsciente: en este apartado trataremos aquellos que se relacionan con nuestra percepción de las situaciones, nuestros traumas interiorizados, los problemas del día a día y nuestras vivencias en general. Es la rama de la interpretación de los sueños más relacionada con la psicología.

Los sueños premonitorios: ¿puede un sueño llegar a ser intuitivo? ¿Es posible que reflejen algo más que nuestras vivencias? ¿La intuición es el resultado de conexiones inconscientes que realiza nuestro cerebro mientras dormimos o tiene una explicación más allá de lo racional?

 El karma, la meditación y los sueños: ¿existen los sueños en los que se reflejan relaciones kármicas? ¿Los estímulos recibidos en otra vida pueden plasmarse en ellos? O, como dice nuestro querido Calderón de la Barca: ¿«Los sueños, sueños son»?

Entraremos en esto un poco más adelante, cuando expliquemos cada uno de estos tres grupos y cuestionemos hasta dónde llegan nuestras creencias. Recuerda que este pequeño recorrido que vamos a hacer por el mundo de Morfeo es una aventura que viviremos juntas. No debes tener miedo de ampliar tus horizontes, porque es algo tan difícil como beneficioso.

Aparte de esta división, me gustaría explicarte un poquito más sobre dos viejas conocidas de cualquier soñador, experiencias que, aparte de superinteresantes, nos causan muchísima intriga cuando ocurren: las parálisis del sueño y los sueños lúcidos.

Los **sueños lúcidos** son aquellos en los que nos encontramos al mando de lo que ocurre, es decir, somos conscientes de que lo que está pasando no es real. Muchas personas afirman tener este tipo de sueños de manera habitual, y déjame decirte que son la leche.

Para ponerte un ejemplo detallado, usaré un sueño propio:

> *Me encontraba paseando por el campo y, de repente, me di cuenta de que estaba andando descalza y pensé: «¿No debería estar notando la hierba en los pies?». Y así fue, comencé a sentirla; húmeda y suave. Volví a pensar: Bueno, ¿y cómo es que no huele a nada? Debería oler a campo. Y, efectivamente, comencé a percibir ese aroma. Fui dándome cuenta de que todo lo que pensaba ocurría tal cual en el sueño. Hice tantas pruebas que hasta pensé en volar sobre el campo, y eso hice. Fue una de las sensaciones más «safe place» que he tenido. Era la dueña de lo que estaba soñando. Nada podría perturbar mi paz en ese momento. Y, al despertar, comencé a estudiar este fenómeno.*

Las **parálisis del sueño** son algo más... ¿Cómo decirlo? ¿Inquietantes? Es un fenómeno que se caracteriza por la incapacidad de moverse o hablar en el momento de quedarse dormido o al despertar. Los expertos afirman que lo que realmente ocurre es que nuestro cerebro va muy por delante de nuestra capacidad física en esos momentos de descanso, es decir, que está despierto, pero el cuerpo aún no. Esto da lugar a una de las experiencias más terroríficas que podemos vivir. Además, ocurre exactamente igual que con los sueños y muchas personas consideran que tienen su parte «paranormal» o «mística». Sinceramente, la coherencia entre lo que veo en todas las parálisis del sueño que he vivido y las experiencias paranormales que he tenido es impresionante.

> *Mi parálisis del sueño, por llamarla de alguna forma,*
> *más recurrente empezó a darse cuando tenía diecinueve*
> *años. Estaba durmiendo en casa de mis abuelos y todo parecía*
> *transcurrir con normalidad. De repente, empecé a sentir una*
> *presencia conmigo, en mi dormitorio. El cambio de energía fue*
> *tan grande que todo el vello de mi cuerpo se erizó. Estaba inmóvil,*
> *impotente, y solo pude derramar dos lágrimas cuando apareció,*
> *por primera vez y frente a mi cama, la Mujer de las Miradas.*
> *Así la llamo yo. Ella me insiste que la mire en todas las parálisis*
> *que tengo. Quiere que la observe y sienta lo mismo que ella.*
> *No sé hasta qué punto creeréis en esto, pero no era algo normal.*
> *Tenía su propio olor corporal y el ambiente se volvía denso*
> *cada vez que venía a visitarme. Eso es un ejemplo*
> *de parálisis, personal e intransferible.*

¿A que es interesante? Pues sí, querida, a la par que terrorífico. Si examinas bien este tipo de sueños, también puedes descubrir información sobre ti misma que desconocías. Es cierto que creo que ahí había energía que no era mía ni de ningún familiar, pero se me presentó con un rostro que conocía y al que temía. Un pequeño trauma de la infancia con una compañera un poquito abusiva mezclado con una parálisis del sueño puede generar maravillas como esta.

Hablando de maravillas, ¿sabías que la probabilidad de que una parálisis del sueño sea positiva o sobre cosas agradables es ínfima? Muy poquita gente tiene una en la que Harry Styles viene a decirte lo hermosa que eres mientras no te puedes mover. Más quisiéramos, hija.

BrujiTIP

Durante el proceso de interpretación de los sueños, es importante recordar que todos tenemos percepciones distintas de las cosas, y eso significa que la simbología de nuestros sueños puede variar de una persona a otra. Por ejemplo, para mí una situación se puede representar en sueños con una mariposa y para otra, con una polilla.

En este libro, trataré de englobar los sueños desde el punto de vista más amplio y general posible siguiendo mi criterio y experiencia para que, a pesar de las diferencias en las experiencias individuales de cada una, esta sea una guía práctica y útil para todas nosotras.

CONFIGURA TU PROPIO SISTEMA DE CREENCIAS

Si has leído hasta aquí, habrás detectado más de una vez la tensión que existe entre dos fuerzas opuestas cuando nos ponemos a interpretar los sueños: **lo racional versus lo sobrenatural**. Como con la mayoría de binarios, se trata de una oposición falsa, ya que las fronteras entre lo supuestamente racional y lo supuestamente sobrenatural son mucho más permeables de lo que muchas veces creemos. Por eso, una buena manera de afrontar la interpretación de los sueños es establecer antes nuestro sistema de creencias, de este modo, podemos adoptar el sistema de interpretación que mejor se ajusta a ellas y a nuestras necesidades.

Aquí os dejo una serie de preguntas que os pueden ayudar a definir con más claridad vuestro sistema de creencias:

¿Crees que hay una fuerza superior a la humana que mantiene en orden el universo? En caso de creer que sí, ¿crees que es solo una fuerza o son varias? ¿Te has planteado tener una creencia politeísta?

 ¿Crees que las personas tenemos un alma inmortal? O, simplemente, ¿crees que cuando muramos no tenemos ninguna oportunidad de trascender la muerte física? (Es decir, el muerto al hoyo y el vivo, al bollo).

 Analizando tu entorno, **¿tienes algún tipo de creencia preestablecida en tu círculo familiar?** ¿Tus amigos tienen las mismas creencias que tú? ¿Alguna vez te las has cuestionado?

 ¿Alguna vez has tenido algún tipo de *flashback* o pensamiento recurrente que no hayas vivido en esta vida? La manera en la que te sientes al tenerlos es muy importante, pueden incomodarte o hacerte sentir reconfortada.

 La pregunta del millón y a la que más gente le tiene un respeto especial: según tu criterio, tus vivencias y las sensaciones que has percibido, **¿qué crees que pasa cuando fallecemos?** ¿Cuál sería el proceso desde tu punto de vista?

Podéis reflejar vuestras respuestas en un diario, un cuaderno de manifestación o vuestro **grimorio favorito**:

BrujiDATO

¿No sabes lo que es un grimorio? Te lo explico: en la Baja Edad Media, los grimorios eran textos escritos, parecidos a un diario, en los que se plasmaba el conocimiento mágico o espiritual.

Actualmente, muchas brujitas utilizamos cuadernos de este estilo para recordar lecturas de tarot, cómo vestir velas de cierta manera o incluso la fase lunar en la que nos encontramos.

Me parece algo superguay, natural y creativo. ¡Deberías probarlo!

Estas preguntas están pensadas para **hacerte reflexionar sobre la posición que adoptas ante el mundo espiritual** y tu perspectiva sobre el mismo y para decidir si prefieres un enfoque de la interpretación de los sueños más basado en la psicología o si prefieres explorar el mundo onírico desde un punto de vista más «brujil». Se trata de una decisión muy importante porque un mismo sueño puede interpretarse de maneras muy distintas en cada caso, de manera que obtengas unas respuestas que te reconforten y no te hagan pasar por una crisis existencial al despertarte.

Te voy a poner un ejemplo:

Alguien cercano a mi pareja falleció un par de años atrás.
Era de su edad, del mismo pueblo y fueron a la misma escuela.
Cabe destacar que es una persona que respeta mis creencias,
pero que no las suele compartir. Eso sí, es un poquito curioso
y siempre me pregunta por lo que hago o explico en las redes.
Volviendo a casa una noche, me contó que, desde la muerte
de este chico, de vez en cuando soñaba con él. Parecía querer
transmitirle un mensaje. Al ser escéptico, no lo dejaba hablar
y le recordaba que estaba muerto. Si en el sistema de creencias
de mi pareja no cupiese la posibilidad de abrirse y plantearse
de nuevo ciertas preguntas, el sueño se habría quedado ahí:
una actividad mental recurrente en la que reviviría un hecho
traumático no resuelto hasta que su cerebro la hiciese pasar
a otro plano. Mi respuesta a su experiencia fue bastante rápida:
«Ábrete a recibir su mensaje y no le recuerdes que ya no está
entre nosotros». Así lo hizo. La siguiente vez que soñó con él,
lo dejó hablar. En el sueño, su amigo le acompañaba mientras
recorrían el camino que hicieron la última vez que quedaron.
Se contaron sus cosas, mantuvieron una conversación
coherente y, al acabar el recorrido, se despidieron
cómo no pudieron hacer en vida.

Fíjate en la importancia de no tener una creencia impuesta o un sistema incuestionable. La creencia personal es algo tan importante y fundamental que **todas nuestras experiencias vitales pueden verse desde un punto de vista radicalmente opuesto al de otros** y, aun así, ser igual de válido. Chulísimo, ¿a que sí?

SEGUNDA PARTE
LA CIENCIA Y LA CREENCIA

LA CIENCIA Y LA CREENCIA: ¿OPUESTAS O COMPLEMENTARIAS?

Existe un dicho popular que afirma lo siguiente: la ciencia llega hasta donde empieza la fe. Y esto no solo lo piensan las personas con algún tipo de creencia más espiritual, también lo creen científicos y matemáticos emblemáticos de la historia de la humanidad. Si hablamos de la creencia monoteísta de que existe un solo Dios que rige y ordena el universo, **Galileo Galilei** es uno de los científicos con creencias más polémicas. Si bien recordamos que era un gran defensor del heliocentrismo (modelo astronómico en el que se manifiesta que el Sol es el centro del universo) y demostró su teoría basándose en estrategias propias del método científico como la observación de la realidad y la realización de pruebas experimentales, no podemos obviar que sus creencias racionales no se reñían con otras más personales, como su defensa sobre la influencia de un «Dios» en la rotación de los planetas.

Por otro lado, el famosísimo **Albert Einstein** tenía el concepto de religión más abstracto que te puedas imaginar. Visualiza al defensor de la teoría de la relatividad diciendo que **«Dios no juega a los dados»** para descartar una teoría de otro científico. ¿Te das cuenta de que no hay ningún tipo de incompatibilidad? Entonces ¿de dónde crees que viene esa afirmación de que no son complementarias? Exacto, lo has adivinado: de la imposición de creencias.

Todas las creencias y corrientes de pensamiento son válidas por el simple hecho de que cada individuo tiene una visión o concepto de estos temas. Imagínate lo siguiente: Cien personas que se confiesan cristianas católicas se encuentran en la misma habitación. Si les preguntas de manera individual y sin presión de grupo por su concepto de Dios, habrá ciertos rasgos que coincidan, pero no todos. Todo esto porque cada uno ha tenido una cosita superespecial y necesaria llamada **experiencia personal**. Al existir esta y el criterio de cada uno, ninguna creencia puede ser una realidad o verdad absoluta y general. Estarás pensando: «Bueno Triana, entonces ¿por qué iba alguien a imponer su sistema de creencias como único a sabiendas de que no es algo general e inamovible?». Por poder, por control o por generar miedo.

No te extrañarás si te comento que para poder establecer un «reinado» o control sobre un grupo de personas concreto se suele imponer una creencia común. De ahí todos los famosísimos casos de captación en grupos sectarios. Sobre esta creencia que te impongan se ganará el dinero, se comerá en casa, tomarán sus decisiones... Y descartarán plantearse en algún momento si ese sistema es válido puesto que, al hacerlo, su grupo, Dios o lo que sea los castigará. El miedo es una herramienta tan poderosa que no para de sorprenderme. Algo muy del románico, ¿verdad? Crear esos edificios de culto religioso de manera que sean oscuros, de muros gruesos y con poca luz para que entres arrepentido y respetes la casa de Dios.

Vamos a ir cerrando pestañas. Después de haber sido un poco pesada con el tema del control y el poder, creo que queda clara la compatibilidad que tienen la ciencia y la creencia. **Nosotras, las brujitas, necesitamos la ciencia sí o sí**, porque nos ayuda a plantearnos cuestiones, nos invita a conocer las propiedades de los elementos que utilizamos y nos abre las puertas a descubrir el porqué de miles de temas. Sin el psicoanálisis y la ciencia en general, este proyecto de los sueños no nos llevaría a ningún puerto y es bueno que lo reconozcamos. Al igual que muchas respuestas que no nos puede conceder la ciencia es mejor dejarlas como incógnitas de libre interpretación. **En algunos momentos es beneficioso dejar nuestra faceta científica y preguntona de lado** y que le demos un toquecito de magia a la vida.

El psicoanálisis en la actualidad es una doctrina o práctica terapéutica de renombre en la que se basan muchísimas corrientes de pensamiento. Nos ayuda a comprender el funcionamiento de

nuestra mente, ya sea rutinario o con alguna patología. No podríamos hablar del tema sin mencionar a **Sigmund Freud** que, desde el punto de vista de los conflictos inconscientes, elaboró teorías psicoanalíticas de gran valor. Para hacerlo más fácil, os explico: se creía que en la inconsciencia, es decir en los pensamientos a los que no prestamos atención, existen respuestas de todo tipo que justifican, hablan y controlan nuestro comportamiento. **¿Cuándo estamos más «inconscientes»?** ¡Bingo! **Al soñar.** Es por eso por lo que uno de los pilares a analizar con este método es el del sueño y su funcionamiento.

¿DESDE CUÁNDO SE ESTUDIA LA MAGIA DE LOS SUEÑOS?

En el bloque anterior, dimos una serie de pinceladas sobre cómo la humanidad se ha preocupado por los mensajes que recibía de manera inconsciente al dormir. Hablábamos de que el mundo onírico era para nuestros antepasados mayas, griegos y egipcios el centro de sus actividades diarias. En épocas pasadas muchas de ellas se veían afectadas por lo que soñases la noche anterior. Tanto era así que, en varias culturas, se nombró a ciertas deidades como guardianes de los sueños. Imagina que perteneces a una de ellas, que llevas una temporada en la que tienes sueños desagradables o bizarros y acudes a uno de estos «sabios» de tu ciudad. Este va a guiarte y a proporcionarte remedios naturales porque muy probablemente piense que estás maldita o que has robado algún objeto perteneciente a una deidad. Además, te pedirá que le expliques detalladamente tus sueños anteriores y tu contexto vital para poder proporcionarte un significado concreto. Ahí está la clave.

De esta manera se han impedido batallas, anulado casamientos, cancelado eventos públicos y suspendido todo tipo de actividades por recibir señales oníricas de que no se debían celebrar. Pero ¿realmente hay una descodificación del sueño en esas predicciones? ¿O tienen una base algo más mística? Para ello, hablemos de la palabra «código».

Nuestros sueños, según científicos de la categoría de **Carl Gustav Jung**, traen de por sí una serie de **códigos que son personales e intransferibles**, es decir, que nuestro cerebro es capaz de desglosar de manera concreta y única pero que no significarían necesariamente lo mismo si apareciesen en los de otra persona. Por lo tanto, sí, siguiendo las teorías psicoanalíticas más conocidas, muchos de los significados generales de los sueños no nos valen. En lo que sí podemos coincidir es en la concepción social que tenemos sobre ciertos elementos naturales o que son socialmente populares de nuestro día a día:

 Concepción social: punto de vista global perpetuado por la sociedad donde vive el individuo e integrado en su rutina.

 Concepción personal: punto de vista razonado, personal y adquirido sobre la experiencia de un concepto.

Mención especial al concepto de «subjetividad», sobre todo en este tema, porque es algo que quiero que tengas muy claro: es la propiedad de percibir ciertos estímulos desde el punto de vista individual del sujeto y su propio entendimiento.

Me estoy enrollando mucho con esto, pero quiero que comprendas que un individuo muchas veces puede tener una concepción social y no una concepción personal de su entorno. Te pongo un ejemplo: en España tenemos un concepto general, un tanto xenófobo, sobre ciertos países y culturas que no es nada acertado. Por el simple hecho de escuchar la opinión generalizada de nuestra sociedad, adquirimos conceptos que luego desechamos al vivir una

experiencia personal en ese lugar. Es increíble que aquí todos sepamos bailar flamenco y hacer paellas, ¿verdad? Pues ese es el tipo de estigmatización y concepto general al que me refiero.

Por eso te digo que el «sabio» del que hablábamos era un listillo, pero de verdad. Te preguntaba por los detalles de los sueños porque, ya en aquel entonces, comprendían esa parte privada y centrada en la percepción que tenías del mundo. Sentían que **no era correcto juzgar sin saber tu contexto, vivencias, círculos cercanos, etc**. ¡Unos genios!

Aquí te dejo una serie de significados, fruto de la concepción social, sobre los cuatro elementos que mencionábamos antes:

FUEGO

Simbología: renacimiento, energía, cambio y transformación, purificación, vida, inmortalidad, pasión, romper con lo cotidiano

Signos de fuego: aries, leo y sagitario

Soñar con fuego está vinculado con la idea de renacer de una situación. Puede significar que debes reducir a cenizas un hábito o comportamiento con el que no estás de acuerdo y comenzar de nuevo con la experiencia adquirida. En este sentido, también está relacionado con las ideas de cambio y transformación, ya que el fuego siempre está en movimiento y transmuta todo aquello con lo que entra en contacto. Asimismo, el fuego también purifica. Nos libra de aquello que nos es extraño y nos ayuda a convertirnos en una mejor versión de nosotras mismas.

Queda claro, pues, que se trata de un elemento que, en general, tiene interpretaciones muy positivas en el mundo onírico.

Su simbología es muy especial por lo importante que ha sido para nuestra sociedad. Siempre vamos a encontrar frases en las que este elemento y el factor «ceniza» nos ayude a comprender que después del caos viene un resurgir. No olvidemos la figura del ave fénix, que literalmente renace de sus cenizas. O el mito de Prometeo, en el que se explica que el titán les robó el fuego a los dioses para entregárselo a los humanos como símbolo del conocimiento.

AGUA

Simbología: emociones, vida interior, intuición, fertilidad, abundancia, adaptabilidad, fluir con el cambio

Signos de agua: cáncer, escorpio y piscis

El agua se relaciona con nuestros sentimientos y nuestro mundo interior. En muchísimas barajas de tarot es un símbolo de lo que fluye en nuestro interior: si el agua está calmada, existe una calma emocional, pero si se curva, es un indicador de que no estamos estables. Muchísimas personas tienen el sueño común de que sus casas se inundan; yo lo tomo como un descontrol de la zona de confort, del mundo interior y del autoconocimiento. Normalmente, se trata de personas que reprimen sus emociones y que acaban por sentirse sobrepasadas, ahogadas y sin ánimos para nadar.

Me gustaría destacar una carta que en todos los mazos de tarot que tengo, o casi todos, aparece controlando el agua: **la Templanza**.

Hace malabares con el agua que hay en sus copas, la calma, hace que fluya y la gestiona dentro de sus posibilidades. Es un arcano que simboliza la autogestión de las emociones, la tranquilidad y el saber que mañana será mejor.

TIERRA

Simbología: firmeza, estabilidad, la estructura del universo, el mundo material, resistencia a los cambios, cautela, inicio de nuevos proyectos

Signos de tierra: tauro, virgo y capricornio

Al soñar con el elemento tierra tenemos que prestar mucha atención al estado como aparece en el sueño. Si está húmeda o seca, si nos entierran en ella, si dejamos huella al tocarla y un largo etcétera de factores que deberemos tener en cuenta. Si se pudiese sembrar en esa tierra o fuese de provecho, el sueño nos estaría hablando de fertilidad, de fecundidad y de prosperidad. En cambio, si soñamos que levantamos los pies de la tierra o que no llegamos a tocarla al caminar, puede que el sueño nos intente transmitir una sensación de desarraigo o la necesidad de volver a conectar con nuestras raíces. Es muy curioso soñar con este elemento, ya que la propia tierra tiene vida, crea vida y se encarga de que se acabe. Es un ciclo sin fin. Espero que estés orgulloso, Simba.

AIRE

Simbología: libertad, el mundo de las ideas, comunicación, desapego, necesidad de socializar, curiosidad

Signos de aire: géminis, libra y acuario

Si el elemento aire entra en tus sueños, ten en cuenta que es para quedarse. Está muy relacionado con el tema de la gestión de los pensamientos y el deseo de libertad. Hay que hacer hincapié en que este es un elemento que no percibimos visualmente pero que sí nos afecta, por ejemplo, al oído.

Encontrarte en mitad de una ráfaga de aire intentando comunicarte con otra persona puede significar que la comunicación entre vosotras no sea posible en algunos momentos, lo que genera malentendidos y malestar en la relación. Si el aire es agradable, es una brisa que trae olores familiares o susurros estilo *Pocahontas*, puede ser que tengas que meditar y comunicarte con tus pensamientos. La creatividad y las ganas de «erosionar» ciertas ideas, como lo hace este elemento, está también muy presente a la hora de interpretarlo.

Si estas asociaciones te resuenan por el tema de los signos del zodiaco y los horóscopos es supernormal. Socialmente hemos asig-

nado estas sensaciones y cualidades a los elementos y lo aplicamos a varias ramas del esoterismo.

¿Sabías que los oráculos también ayudaban a tomar decisiones en la antigua Grecia? Eran lugares sagrados a los que se acudía para obtener una serie de informaciones divinas sobre lo que iba a ocurrir. Uno de los más conocidos y visitables es el de Delfos.

En mis inicios interpretando, intenté ayudar a una persona de mi círculo cercano que se tomaba como verdad absoluta todo lo que soñaba sobre ciertos temas. Era algo así como lo que te he comentado de los oráculos, pero con los sueños. Su día se fundamentaba en lo que le pasaba por la cabeza mientras dormía: si había tenido sueños tranquilos y agradables o que recibía buenas noticias, el día marcharía genial. Pero, si por algún casual le venía la imagen de una pérdida o un mal momento, este se basaría en darle vueltas a lo negativo y no apreciar ninguna de las pequeñas cosas positivas que le podían suceder.

Cuando empezó a contarme sus sueños, destacaba siempre la figura de un elemento que representase el bien, otro que hacía alusión al mal y un último que medía el tiempo. En ciertas ocasiones eran relojes, en otras la posición de la luz, una alarma que sonaba de repente... No tenía punto medio, siempre era un mensaje enteramente positivo o negativo. Al analizarlo de esta manera, intuimos que ella vive la vida con este *modus operandi*: todo se lo toma muy a pecho o no le importa en absoluto. Lo daba todo por ciertas personas y a otras les había retirado el saludo por nimiedades. Ambas concluimos que necesitaba empezar a tomarse los sueños como indicadores y no al pie de la letra, que ella misma controlase su día a día y fuera dueña de sus elecciones.

Y tú, ¿crees que tus sueños controlan la dirección del día siguiente? ¿Te afecta realmente lo que sueñas? ¿Consultarías o consultas algún tipo de oráculo sobre decisiones importantes o eventos próximos? Plásmalo en algún lugar y relee tus respuestas al cabo de un tiempo, te sorprenderán.

LOS MENSAJES QUE RECIBIMOS EN SUEÑOS

Cuando soñamos siempre se nos presentan dos opciones: recibir el mensaje y pasar de él, es decir, suponer que no es relevante y no prestarle atención, o afrontarlo con curiosidad e interés. No soy psicóloga ni he estudiado tan a fondo el cerebro del ser humano como para sentenciarlo de esta manera, pero cuando una persona siente curiosidad por algo, tiene que llegar hasta el final del asunto. (Y más si es sagitario, ¡sí soy!).

Bromas aparte, vamos a llamar a este tipo de sueños a los que prestamos atención **mensajes inconscientes**, y eso serán hasta que demostremos lo contrario, ya que pensar con consciencia sobre lo que soñamos es el estado al que queremos llegar al final de este caminito juntas.

¿Cuándo deja un mensaje de ser inconsciente? Cuando logramos desglosarlo y comprender si nuestro sistema nervioso quiere comunicarnos información de interés o no. Conozco casos de personas a las que su cuerpo avisa mediante sueños de que van a enfermar o a tener ciertas dificultades con la salud. De hecho, es muy común que nuestro cuerpo se «autoanalice» al dormir. Es así como creábamos

la memoria a largo plazo, ¿recuerdas? Durmiendo, descansando de manera efectiva y pasando por las distintas fases del sueño.

Aquí comienza lo interesante: ¿alguna vez has tenido una visión del futuro en sueños? ¿Cómo sabemos si nos está ofreciendo una visión adelantada del día siguiente o es algo menos trascendental? A diario, muchísimas amigas me comentan que, al dormir, imaginan cosas que ocurren tal cual al día siguiente. He de decir que me encantaría que esto solo tuviese una explicación mística, pero también es científica: quienes tienen una vida muy cuadriculada, llena de hábitos firmes y horarios, son muy propensos a que les ocurra esto. Si fuese soñar con el número de la lotería sería un sueño premonitorio, de los que ya hablaremos luego. Maravilloso, sinceramente.

Somos muy propensas a confundir el universo de las visiones y la videncia con el mundo onírico. La realidad es que la relación entre ambas cosas es bastante estrecha, nuestras cabecitas actúan como receptores y distinguir entre uno y otro es bastante difícil, pero te voy a dar un brujitip de estos que me encantan: si te resuena, da igual el origen, acepta el mensaje y analízalo.

O lo que es lo mismo, sé crítica contigo misma y tu sistema de creencias, aplica lo aprendido y sigue tu camino.

LA SENSACIÓN DE *DÉJÀ VU*

En ocasiones no es un sueño lo que nos ha hecho pensar que ya hemos vivido ciertas cosas que nos «vuelven» a ocurrir, es la propia sensación de tener un falso recuerdo de la realidad.

Déjà (palabra francesa que significa «ya») *vu* («visto»), hace referencia a la sensación de «haber visto ya» lo que está sucediendo. Nuestro cerebro, para que te hagas una idea, en ciertas ocasiones hace chispitas y pierde la conexión con la parte que gestiona las experiencias ya vividas. Todo esto nos hace pensar que hemos estado en varios escenarios y que sabemos lo que va a pasar a cada instante porque ya lo hemos vivido.

Estas sensaciones se suelen confundir mucho con el tema de recordar momentos de vidas pasadas, algo superinteresante de lo que hablaremos muy pronto. Si les pillas el truco a estas sensaciones, te será muy fácil distinguir estos tres conceptos: sueño premonitorio, karma y *déjà vu*.

Me gustaría que habláramos de un concepto que me parece superinteresante. Está demostrado que analizar psicológicamente, psicoanalizar, nuestros sueños y comportamientos no conscientes es muy eficaz ante:

- **Ansiedad:** crisis existenciales, angustia, síndrome del impostor, sensaciones de vacío...
- **Depresión:** carencias de autoestima, falta de motivación y propósitos
- **Fobias concretas**
- **TOC:** Trastornos obsesivos compulsivos
- **Adicciones** a sustancias
- **Trastornos de la conducta alimentaria**
- **Enfermedades psicosomáticas**

¿Qué es una enfermedad psicosomática? Es, básicamente, una reacción de nuestro cuerpo al estado mental en el que nos encontramos. Sí, como lo oyes, el poder de la mente jamás dejará de sorprendernos. Imagínate que eres una persona con pensamientos negativos sobre tu salud y crees que algo te ocurre. Al estar acelerada y pensar que algo escapa a tu control, el cuerpo se lo acaba creyendo. De ahí las taquicardias, migrañas, tics, descomposición, etc. Todas conocemos a esa personita de nuestro entorno que es un poco hipocondriaca y que, cuando de verdad le ocurre algo, nos mira y suelta

un: «¡Te lo dije! Yo sabía que algo me pasaba». Si no la conoces, seguramente seas tú. Yo lo he sido, ¡que conste!

Procedo a contarte mi experiencia psicosomática o, como a mí me gusta llamarla, mi experiencia como rayada máxima. Tiene mucho que ver con el tema porque eran taquicardias a la hora de dormir.

Resulta que hace un tiempo, tuve una época en la que irme a la cama me causaba tal estrés y un nivel de ansiedad que no era ni medio normal. El simple hecho de pensar que tenía que dormirme para estar despierta a una hora «X» me ponía muy nerviosa. Intenté tomar remedios caseros, escuchar cataratas de selvas vírgenes, poner ASMR y ¡hasta vídeos de hipnosis! Nada funcionaba. Ese estímulo que recibe tu cerebro de: «¡DUERME, DUERME, DUERME!», es supermolesto y, en vez de calmarme y predisponerme para dormir, hacía que tuviese una sensación horrible de que algo no marchaba en mi cuerpo. En ese momento fue cuando comenzaron las taquicardias. Había noches que escuchaba el latido de mi corazón tan fuerte que me era casi imposible cerrar los ojos. Creía que se me iba a salir del pecho, hasta que una noche fui a urgencias del mismo susto. Al hacerme el electro, se dieron cuenta de que no me ocurría nada y que me ponía tan nerviosa con mis propios pensamientos que mi cuerpo reaccionaba de maneras extremas. Para mí fue un punto de inflexión, análisis y reflexión. Ahí fue cuando comencé con las meditaciones antes de dormir y la precama, pero esa es otra historia.

Me gustaría, ahora que tienes la información suficiente para comprender estos conceptos, que intentaras ayudarme a analizar el sueño de una seguidora desde el punto de vista más pegado a la ciencia en la medida de lo posible. Para mantener su privacidad, vamos a llamarla Sol. ¿Te ves capacitada? ¡Ánimo! Vamos juntas.

Soñé que estaba en la playa, dentro del agua, bañándome cerca de la orilla. Sentía de manera superrealista cómo el mar cubría y empujaba levemente mi cuerpo. Empezaba a tener la sensación de que algo iba a pasar. El empuje que notaba iba cobrando fuerza y se transformó en un tsunami. Me dejé llevar por la corriente, sin oponerme ni dudar. Una voz me animaba a no resistirme, a conocer la situación que estaba viviendo y fluir con ella. De pronto, eché a nadar hacia donde se dirigía la corriente. En un instante me sentí a salvo, supe que esa ola no volvería a alcanzarme y me envolví en un sentimiento de serenidad.

Nuestra querida amiga sueña con uno de los elementos que hemos estudiado a lo largo de estas páginas y que son tan importantes: el agua. La habíamos relacionado con los sentimientos y el mundo interior, así que, ¿qué crees que está pasando en el sueño? Si necesitases un poquito de contexto porque no conoces a la persona y estás un poco perdida, te cuento: esta muchacha acaba de vivir una situación emocionalmente difícil en la que ha tenido que reiniciar su vida por completo. Ha vuelto a su punto de partida y necesita encontrarse. ¿Mejor ahora?

TERCERA PARTE
EL MISTICISMO Y LA ADIVINACIÓN EN LOS SUEÑOS

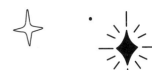

Permitid que empiece con un *disclaimer* o, lo que es lo mismo, aviso para navegantes:

Queridas lectoras, a partir de este momento voy a comenzar a hablar de los sueños de manera más mística y brujil. En mi sistema de creencias figura también esta parte adivinatoria del mundo onírico y creo firmemente que algunos sueños no son tan inconscientes como parecen. Aunque seas más escéptica y no te haga mucha gracia lo espiritual, creo que deberías darle una oportunidad a este apartado, ya que **el desconocimiento es lo que nos hace estereotipar las creencias de los demás** y sus prácticas. Te prometo que, cuando acabes de leer estas páginas, no te arrepentirás.

Piénsalo: a veces, es mucho más difícil creer en este tipo de cosas que no hacerlo. Verás, cuando alguien comienza a darse cuenta de que las cosas no dependen al cien por cien de uno mismo, se suele pasar por una **pequeña crisis espiritual**. Para muchas personas, en vez de aceptar un mal rato, es mucho más fácil ignorar estos pensamientos y no creer en nada. No esperan sorpresas ni señales de nada o de nadie, viven en la felicidad de ignorar las situaciones fuera de la normalidad o la existencia de cualquier dios. En la comodidad absoluta si lo piensas. Hoy en día es superfácil perderse el momento y no prestar atención a lo que nos rodea, hay miles de distracciones y cacharros con los que evadirnos. Además, no me extraña que este mundillo pueda chirriarte, a mí también me pasa. Está lleno de información no contrastada y de personas que no dudan en aprovecharse de la desesperación de los demás. Pero créeme, hay un pequeño grupito que de verdad lo hace por vocación, unas pocas personas que trabajan su espiritualidad y muestran a los demás cómo hacerlo sin ningún tipo de interés.

¿QUÉ ES UNA PREDICCIÓN?

Es la acción y el efecto de pronosticar, adelantar o avanzar acontecimientos que pueden ocurrir, incluyendo tanto elementos variables como invariables. Hay muchas herramientas que nos ayudan a hacer predicciones y no implican ningún tipo de atadura a creencias concretas. Las más conocidas son: **el tarot, la interpretación de sueños, la lectura de los posos del café y el péndulo**. En estos casos, la predicción se basaría en un símbolo o indicio proveniente de esa «herramienta» de que se va a dar esa situación. También existen predicciones sin herramientas popularmente llamadas «canalizaciones». Así, a pelo, estas son algo bastante difícil de hacer y de creer si os soy sincera, pero existen y se dan más a menudo de lo que pensamos.

Bien, la pregunta del millón, **¿hace falta algún tipo de don especial para poder predecir?** Creo que es la cuestión más controversial de la espiritualidad y voy a responder desde mi experiencia personal y criterio intentando no herir sensibilidades ni que nadie se sienta atacado. Afirmo aquí y ahora que no hace falta ningún tipo de don para desarrollar estas prácticas.

El ego de ciertas personas a lo largo de la historia es lo que nos ha separado de algunas creencias o religiones en las que solo unos «elegidos» pueden comunicarse con la divinidad. Nos gusta, como seres humanos, ser únicos y poseer cualidades que nadie más tiene. Por ejemplo, hago referencia a esas compañeras que creen que los dones no se practican, que el tarot no se estudia puesto que es un regalo del universo y que solo unas pocas escogidas y de ciertos linajes pueden ser brujas de verdad. Mi opinión sobre este tema, tras informarme durante años, es que **todas las personas tenemos una chispita brujil en nuestro interior**. Una chispa que nos hace percibir nuestro entorno con empatía o cierta sensibilidad. Es como esa pequeña duda o curiosidad con la que todas nacemos. Imagínate

una semilla, tan pequeña como un grano de mostaza (cuánto me encanta este símil que se hace en la Biblia, pero ¡tranquilas, no me voy a poner religiosa!). Bueno, pues esa semilla está en nuestro cuerpo, la llevamos dentro desde que nacemos, pero si se siembra, brota y florece, no va a dar el mismo resultado que una que se arranca de cuajo a la primera de cambio, ¿me explico?

Bien, si cuando contamos nuestra primera experiencia «no normal» a nuestro entorno familiar, se muestran reacios y no quieren saber nada del tema, esa reacción va a ahogar nuestra semilla. Y esto conseguirá que el poco interés o duda que habíamos generado sobre lo que es normal y lo que no en ese momento pase a otro plano. Esto no quiere decir que al darse esta situación se pierda cualquier sensibilidad sobre este mundillo, sino que se desatiende para prestarle atención a otras más cercanas a la realidad que nuestro entorno familiar considera prioritaria. Me he puesto un poco filosófica sobre el tema, pero creo que es importante afianzar estos conceptos para no pensar que todas las brujas tenemos un concepto cerrado sobre los «dones».

Todo en esta vida se puede practicar. El ejemplo que siempre les pongo a mis alumnas en los cursos de tarot es que, en el colegio, a todos nos intentan enseñar a leer por igual, pero habrá personas a las que se les dará bien y decidirán seguir practicando, otras que no le prestarán más atención de lo normal pero que saben que, si practican, pueden llegar a ser muy habilidosas y aquellas que, aunque no se sientan muy conectadas a la lectura en un principio, practican y adquieren un hábito que las lleva a perfeccionar esa habilidad. Lo mismo pasa con el esoterismo, el tarot, lo espiritual, etc.

¿Te has sentido identificada con este tipo de afirmaciones? ¿Qué es lo que más te llama la atención del mundo espiritual? ¿Crees que podrías mejorar en ese aspecto, adquiriendo más habilidad y práctica? ¡Es para reflexionar, eh! Aunque no quiero que le des muchas vueltas, seguro que posees esa chispita de la que hablábamos y estás capacitada para desarrollar tus habilidades al cien por cien. Si emprendes ese camino, no estarás sola, somos muchas personas las que nos planteamos estos escenarios y nos quebramos la cabeza con estos temas.

¡Vamos a lo que vamos! Los sueños premonitorios. Antes de empezar, ¿no te parecen fascinantes las similitudes que hay entre este tipo de sueños y las sensaciones de *déjà vu* de las que hablamos en el capítulo anterior? Se podría decir que la diferencia se encuentra en que, en los premonitorios, nuestro cerebro trabaja sobre una idea concreta que logra manifestarse a los pocos días.

LOS SUEÑOS PREMONITORIOS

Como bien sabemos, las premoniciones o predicciones se pueden dar por medio de muchas herramientas, y una de ellas es el descanso. Tenemos claro que, a la hora de soñar, la relajación que se produce es tan profunda que puede asemejarse a la concentración adquirida durante una meditación.

BrujiDATO

Muchas de las personalidades reconocidas de la predicción y la mediumnidad, como podría ser Baba Vanga, adquirían sus visiones mediante sueños, regresiones y meditación. Algo bastante interesante, ya que siempre se va a buscar esa claridad mental para poder predisponerse a lo que venga. «Triana, que ya nos hemos enterado de que nos recomiendas meditar». Je, je, je, nunca me canso de hacerlo.

¿CÓMO DISTINGUIMOS UN SUEÑO PREMONITORIO DE UNO QUE NO LO SEA?

Fácil, voy a darte unas pautas que te van a ayudar muchísimo:

 Suelen ser en primera persona: para recibir una visión mucho más clara, vivimos la realidad que se nos presenta como protagonistas. Aunque no tenemos por qué ser nosotras corpóreamente, podemos verlos desde otro cuerpo.

 Son momentos en los que el cuerpo sabe que nos está sucediendo algo fuera de lo corriente, y responde con **sudores fríos o aceleración del ritmo cardiaco**.

 Normalmente, **contienen algún indicio temporal:** ya sea climatológico, estacional, numérico... Siempre hay algo que nos va a ayudar a ubicar el sueño.

 Tanto positivos como negativos, **suelen advertirnos de algo**.

Yo misma he tenido algunos sueños premonitorios. La mayoría tuvieron lugar cuando era pequeña y me los contaron mis mayores:

Todavía recuerdo cuando me contaron que, al despertar de una siesta, empecé a preguntar por Michael Jackson. Solo tenía ocho años y, por aquel entonces, ya era toda una brujita. Soñé con él la tarde de antes de fallecer y dije en casa que quería saber quién era porque lo había visto muerto. Siempre recordaré cómo, al día siguiente, dejaron de reírse cuando dieron la noticia de su muerte.

Aunque también he tenido algunos más recientes:

El último sueño premonitorio que tuve fue sobre la muerte de la reina Isabel II. Visualicé un lugar en el que había muchas flores y me preguntaban si podían pasar a presenciar a la difunta, vi banderas del Reino Unido. Cuando me desperté, le pregunté a mi abuela si la reina todavía estaba viva, así que imaginaos cómo se me hizo de real el sueño. Ella no dudó en reírse y me dijo: «Más viva que yo». Al día siguiente, pusimos el telediario para comer. Cuando empezaron a decir que la reina estaba enferma, me levanté de la mesa y afirmé que ya estaba muerta (imaginaos el show). Todos me dijeron que cómo iba a estar muerta y se rieron. Más tarde, miré el móvil para enviar unos mails y, para mi sorpresa, en la bandeja de entrada me saltó la noticia de que Isabel II había fallecido. Todavía sigo flipando.

«Genial Tri, pero no entiendo cómo puede la gente tener sueños premonitorios si yo no los he tenido nunca».

Puede que os ocurra como a esta chica. En un par de vídeos en los que explicaba significados de sueños, me comentó que ella nunca había sido capaz de tener un sueño premonitorio.

Le respondí que muchas veces no estamos muy atentas a lo que soñamos y eso hace que se nos pasen por alto los indicios sobre si un sueño es «normal» o no. Cuanto más nos empeñemos, de manera forzada, en lograr conectar y tener un sueño que vaticine algo, menos va a ocurrir. Porque hemos quedado en que el estado necesario para que se den es la RELAJACIÓN. Si no somos capaces de

relajarnos y nos ponemos nerviosas, casi no vamos a poder entrar en REM. Y todo el esfuerzo será en vano.

¿QUÉ HACER CUANDO SABEMOS QUE UN SUEÑO ESTÁ FUERA DE LO NORMAL?

Paso *number one* que siempre recomiendo: **tener algún cacharro para escribir cerca**. Al despertar, tienes que intentar retener toda la información posible en tu cabeza hasta que la plasmes en un papel, grimorio, tablet, lo que sea... Normalmente, al predecir, se tiene un pálpito tan especial y genuino que es improbable que se te olvide, así que no te pongas nerviosa.

Paso *number two*: **intentar descodificar y analizar los elementos que aparecían en ese sueño para localizarlo en el espacio y el tiempo**. ¡Y para eso estoy yo aquí! Para que aprendas a hacerlo y, con ayuda del diccionario de los sueños que encontrarás más adelante, puedas identificar con la mayor exactitud posible lo que pasa.

El último paso, para mí el más importante, es: **intentar conectar con la situación soñada con ayuda de meditaciones o herramientas como runas, tarot o péndulo**. En esta parte del proceso tendrías que comenzar a preguntarle al universo (o a lo que tú creas que te pueda ayudar como un dios, tus guías, etc.) qué tiene que ver contigo la situación soñada o, mejor todavía, qué puedes hacer para mejorarla.

SEÑALES NUMÉRICAS EN SUEÑOS PREMONITORIOS

A muchas nos inquietan las señales que podemos recibir en nuestro día a día por medio de los números. La numerología es la ciencia o el estudio que relaciona los números tanto con las cuentas como con los individuos. Comprendo que esto no es para todo el mundo, pero es una corriente muy lógica y bien armada que creo que puede ir muy apropiada con el tema de los sueños que estábamos tratando. Todo desde un punto de vista más espiritual, claro está.

Esta ciencia puede ayudarnos a calcular nuestro número vital o **«código de barras»**, como me gusta llamarlo. Es supercurioso porque volvemos a que la ciencia y la espiritualidad se necesitan la una a la otra para sostener ciertas teorías. Te explico: las letras de todos los alfabetos tienen una equivalencia numérica. El nuestro, al contener la «Ñ», tiene los siguientes valores:

1	2	3	4	5	6	7	8	9
A	B	C	D	E	F	G	H	I
J	K	L	M	N	Ñ	O	P	Q
R	S	T	U	V	W	X	Y	Z

Entonces, si quisiéramos calcular el número vital de una persona por su nombre completo y apellidos, seleccionaríamos la equivalencia de los caracteres en la tabla y sumaríamos hasta que no se pudiera volver a sumar más.

BrujiDATO

Hay escuelas de numerología que no conciben sumar el nueve, pero sí que este sea un resultado de la suma. Yo sí lo sumo.

Os voy a dar un ejemplo de **«código de barras»**. Me invento un nombre: JUANITA SÁNCHEZ GÓMEZ.

1+4+1+5+9+3+1	JUANITA	(6)
2+1+5+3+8+5+9	SÁNCHEZ	(6)
7+7+4+5+9	GÓMEZ	(5)

6+6+5=12+5=17=1+7=8

Bien, una vez que tenemos calculado el **valor numerológico de nuestro nombre propio**, en este caso sería seis, intentaríamos encontrarle un significado desde el punto de vista de esta ciencia. Según el ejemplo, nos hablaría de que Juanita es una persona amable, con un gran espíritu docente, habilidosa en las artes y llena de ideas. Siempre intenta estar al servicio de los demás y es difícil cambiar ciertas convicciones o criterios de su persona.

Al calcular el **primer apellido**, vemos qué energía trae de ese progenitor o progenitora número uno. En este caso es «Sánchez», con valor de seis otra vez, algo bastante curioso, y vemos claramente que ha heredado comportamientos de este progenitor. Volvemos a lo mismo: servicio, amistad, habilidades creativas, pero esta persona puede llegar a ser criticona, detestar a la humanidad, aislarse y encerrarse en su ser más profundo.

Cuando calculamos el **segundo apellido**, vemos la energía que hereda Juanita de su segundo progenitor o progenitora, y el resultado sería el número cinco. Te lo explicaré más adelante, pero el cinco es la mitad de la perfección, el estar a medio camino y seguir aprendiendo hasta llegar a completar su ciclo. Nos habla de personas humanas y, en resumen, de todo lo que se puede relacionar con la lealtad, el ser noble, el liderazgo, la veracidad y la influencia. Como contraparte negativa, Juanita puede heredar de este progenitor o progenitora, energéticamente hablando, la superficialidad, egoísmo o el desengaño por parte de otras personas.

¿Chulísimo, a que sí? Me encanta explicar estas cosas tan prácticas porque al hacer estas «sumas digitales» (ese es su verdadero nombre), aprendemos muchas cositas de nosotras mismas que no sabíamos. Esto también se puede hacer con la fecha de nacimiento. Muchos astrólogos recomiendan hacerlo para saber qué energía se daba el día en el que naciste y, por ende, se convirtió en algo que debes trabajar durante esta vida.

Procedo entonces a explicarte brevemente qué **significado, apodo y contraparte negativa suelo darle a cada número en el ámbito espiritual**. (Después te contaré qué significa soñar con estos números y el significado que podemos sacar de los mismos):

El **cero**: es un número que siempre se ha caracterizado por ser «nada» pero que lo es todo. Es el inicio, la semilla que se siembra, el comienzo de algo. Es cierto que, al hacer la suma digital, este resultado nunca se nos va a dar, pero es importante tenerlo en cuenta por si nuestra fecha de nacimiento lo contiene y queremos analizarlo. El cero **siempre está presente, tanto en lo negativo como en lo positivo**, y eso me parece precioso. **Es lo que está por suceder y el porvenir.** Eres tú la que elige cómo tomárselo y el cero que quieres o pretendes ser en la vida. Puedes ser uno que sume, que critique de manera constructiva y que siempre esté dispuesto a todo o uno negativo que destruya con sus críticas y no aporte nada.

El **uno**: Creo que, si vemos este número como lo que significa (individualidad, primero, unidad, emanador del resto...), comprenderemos su función. Desde el punto de vista matemático, todo se inicia con el uno. Si te das cuenta, al contar del uno al diez, todos los números que se encuentran en la serie se generan al sumar uno.

$$0 + 1 = 1$$
$$1 + 1 = 2$$
$$2 + 1 = 3 \quad (\dots)$$

Y así sucesivamente. A partir de este, se suma, resta, multiplica, divide... Y no nos olvidemos de que el uno siempre va a venir de esa semilla que plantamos con el cero. Su significado en lo positivo denota **iniciativa, tomar acciones, comenzar a aprender, competitividad y dominación de las habilidades.** En su contraparte nos encontramos con **la inactividad, la pereza, el tedio y la desidia.**

Si el resultado de tu suma es el uno, has venido al mundo a ser la que empiece y tome la iniciativa de las situaciones. A ser quien pruebe nuevas experiencias y comience primero su autoconocimiento. ¡Eres la *trendsetter* de esta vida!

El **dos**: Lo mejor, a partir de ahora, es que te imagines que te estoy contando una pequeña historia. Si el uno iniciaba, el dos lo seguía y se convierte en su compañero. Es un número que nos transmite la dualidad, el compañerismo y la atracción. Muchos científicos en la Antigüedad lo consideraban como un número perfecto, ya que su raíz cuadrada era muy compleja y difícil de calcular. Os pongo el ejemplo cliché del yin y el yan para que sea mucho más visual. La oscuridad siempre tiene una contraparte de luz, al igual que la luz tiene su contrario de oscuridad. Además, si te fijas en ese ejemplo, la suma de las dos partes no da dos, sino uno. Porque con el dos se puede formar una unidad (unidad en pareja, unión de amigas, unión para algo mucho más grande que no puede llegar a conseguir una sola). En lo positivo **es la unión y la asociación, la sociedad, la implicación y la confianza.** En su contraparte simboliza **la incoherencia, el desconocimiento, el orgullo y el engaño.**

Si el resultado de tu suma es el dos, tu misión en el mundo es fortalecerte, comunicar, intuir, gestionar situaciones, administrar los bienes de manera equitativa y ser el compañero de vida de tu círculo más cercano.

El **tres**: nos habla de encrucijadas, del producto que se da cuando dos personas engendran a otra, de los tres lados de un triángulo y de la trinidad en el cristianismo.

Si una situación se ha dado dos veces, tanto para lo bueno como para lo malo, lo más seguro es que se repita una tercera. Frases como «ser el tercero en discordia» o «tres son multitud» hacen que este número impar se considere más negativo que positivo. Simboliza **la versatilidad, la resolución de ideas, la mente despierta y las dudas sanas**. Como contraparte nos encontraremos: **la obsesión, la trampa, la mentira y los celos**.

Si el resultado de tu suma es tres, debes elevar tu pensamiento más allá de los bienes materiales y convertirte en esa amiga que ayuda a sus allegados a perseguir sus metas y conseguirlas.

El **cuatro**: número conocido por representar la abstracción, la estabilidad, los cimientos, las paredes de una casa, las patas de una silla, la fijación por algo y las ideas inamovibles. Cuatro son las estaciones del año, los elementos, los puntos cardinales y las fases principales de la Luna. Se lo reconoce como uno de los números perfectos porque, al sumar desde cero, su resultado es 10 (Dios): 1+2+3+4= 10. El cuatro tiene la magia de parecer fuerte e impasible, pero en su interior siente emociones que no comparte con los demás. Representa **la fuerza interior, la llama del corazón y el peso de las responsabilidades**. En su contraparte puede mostrase como el número de **la cabezonería, la arrogancia y las zonas de confort**.

Si el resultado de tu suma es cuatro, debes de ser una persona importante para tu círculo cercano, pues tu empeño y determinación sobre ciertos asuntos les asombrará. Ayudarás a edificar e identificar las emociones y sueños de tus allegados.

El **cinco**: el número de la mitad de Dios, relacionado con el sacerdocio y la fe. Se relaciona en innumerables escuelas y prácticas con lo humano. Cinco son los dedos de cada mano y cada pie, las puntas de las estrellas, los rayos del sol, la quinta esencia de los griegos... Es especial como él solo. Posee todas las virtudes y los defectos de los humanos. Representa **el aprendizaje y la enseñanza, el escuchar, salir de los vicios y no tentarse con la procrastinación**. En su contraparte nos habla del **desacato, las noches oscuras del alma y la tiranía**.

Si el resultado de tu suma es cinco, has venido a este mundo para aportar y aprender, a ser tanto maestra como alumna y conocer lo bueno y lo malo de las situaciones vividas.

El **seis**: (mi número, por cierto). Es el número de las decisiones y el control. La numerología lo representa como la servicialidad y la entrega hacia los demás. Sanas y firmes convicciones son las que acompañan a este dígito. Su manera de afrontar los conflictos es desde el punto de vista del agrado y la sumisión, dejándose humillar para no ofender a nadie de ninguna de las maneras posibles. Aunque parezcan mucho menos astutas de lo que son, las personas que se rigen por este número tienen un don evidente para sanar y consolar. Sus características principales son **la amabilidad, la amistad, la consciencia propia y de su entorno; el honor y la lealtad** son su signo de identidad. Su contraparte es **la dificultad a la hora de posicionarse en situaciones violentas** o en peleas. **Pueden llegar a malpensar o elucubrar teorías sin pies ni cabeza** con tal de calmar sus mentes.

Si es el resultado de tu suma, has venido a elevar la consciencia de los demás y a hacer que vean con tus ojos la belleza de la vida.

El **siete**: como diría la canción de un famosísimo payaso de la tele: «Siete días hay y en el medio el jueves, siete colores el arcoíris son...». Para mí, el siete no es un número de la suerte, sino del triunfo. Simboliza haber conquistado las actitudes humanas que más nos pesan y seguir avanzando en nuestro camino espiritual. Es el cambio, el movimiento, la punta del iceberg y la solución a los enigmas. Debemos tener cuidado, porque siete son las plagas de Egipto y los pecados capitales. Con esto quiero recordarte esa dualidad que encontramos en el número dos.

En lo positivo lo vamos a sentir como **la armonía y la plenitud de un ciclo en movimiento, la consciencia de lo conseguido hasta ahora y las ganas de seguir explorando.** En su contraparte vemos **el desagradecimiento, la actitud déspota y consentida y el nunca estar conforme** con lo que tienes.

Si el resultado de tu suma es siete, estás aquí para equilibrar este mundo, a sanarlo y a devolverle la «suerte» que llevas en ti. Eres la suerte.

El **ocho**: representación de las infinitas posibilidades, la inmensidad del universo y el más allá. Nos habla de múltiples escenarios espirituales, vidas pasadas y relaciones kármicas. Como curiosidad te comento que el Arcano de la Fuerza en el tarot de Raider Waite se representa con un infinito sobre su cabeza, al igual que el Mago. Esto simboliza que tanto la fuerza como el conocimiento deben ser infinitos. Precioso, sí lo digo.

Es un número que abre todas las puertas y ventanas del mundo, físicas y emocionales. En lo positivo representa **el espíritu de lucha, la fuerza de voluntad, la valentía y la tenacidad** a la hora de recibir impactos emocionales. Nos habla también de **la resistencia a las enfermedades y dificultades físicas.** Por otro lado, en su parte negativa, habla de **la acritud, la crueldad, la atracción por el sufrimiento de los demás, la falta de humanidad y empatía.**

Si este número ha sido el resultado de tu suma, significa que has venido a este mundo para transformarlo. A romper patrones y

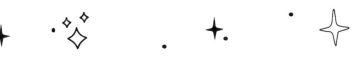

cadenas que atan a los demás. Vas a ser el impulso de las almas que lo necesiten.

El **nueve**: un número perfecto y curioso considerado «especial» por muchos matemáticos. Para otros es el número de la avaricia y lo diabólico, lo no humano y las fuerzas mayores. Nos hace reflexionar y mirar al pasado para así poder alumbrar nuestro futuro. Un dato bastante curioso es que cualquier producto o multiplicación por nueve, da como resultado nueve. ¿Lo habías pensado alguna vez? Curioso cuando menos. Sin embargo, los dígitos divididos entre nueve (del 1 al 8) dan como resultado números «angelicales». Por ejemplo, $\frac{1}{9}$ = 0,11111.

Esto, como dato, le causaba bastantes problemas al código binario y las primeras calculadoras que se comercializaban, puesto que contaban como error estas operaciones. Se consideran características de este número mágico **la expansión, la humildad y el sacrificio, la ambición positiva, la esperanza en el futuro y la reflexión.** Como contraparte, destacan **el desvío del camino, la necedad y la discordia.**

Si este número es el resultado de tu suma, debes ser la persona que reflexione y alumbre con sus ocurrencias e ideas hasta los problemas más oscuros. Que venza con su capacidad de convicción y lealtad las tentaciones de la parte oscura de nuestra mente.

Me gustaría dejarte por aquí una pequeña tabla con las correspondencias de estos números con el tarot de Raider Waite. Esta baraja es la que siempre recomiendo para mis brujas principiantes y creo que la info te puede ser útil para relacionar el diseño de la carta con las características que hemos visto.

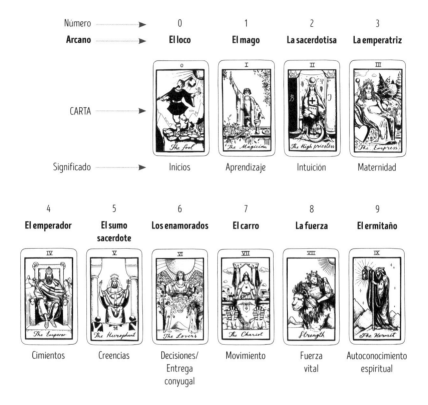

Número	0	1	2	3
Arcano	**El loco**	**El mago**	**La sacerdotisa**	**La emperatriz**
CARTA				
Significado	Inicios	Aprendizaje	Intuición	Maternidad

4	5	6	7	8	9
El emperador	**El sumo sacerdote**	**Los enamorados**	**El carro**	**La fuerza**	**El ermitaño**
Cimientos	Creencias	Decisiones/ Entrega conyugal	Movimiento	Fuerza vital	Autoconocimiento espiritual

Ya que hablamos de predecir, ¿cómo no iba a incluir yo mi tarot en estas líneas? Te quería comentar que es superimportante el tema de la aparición de los números en nuestros sueños y, normalmente, suelen presentarse de tres en tres. Por ejemplo, muchísima gente sueña con el 222. En el último apartado de este libro, te dejaré la lista de significados de estos números del 0 al 9 repetidos tres veces. Guay, ¿verdad?

CUARTA PARTE
KARMA, SUEÑOS KÁRMICOS Y CONTRATOS DE NUESTRA ALMA

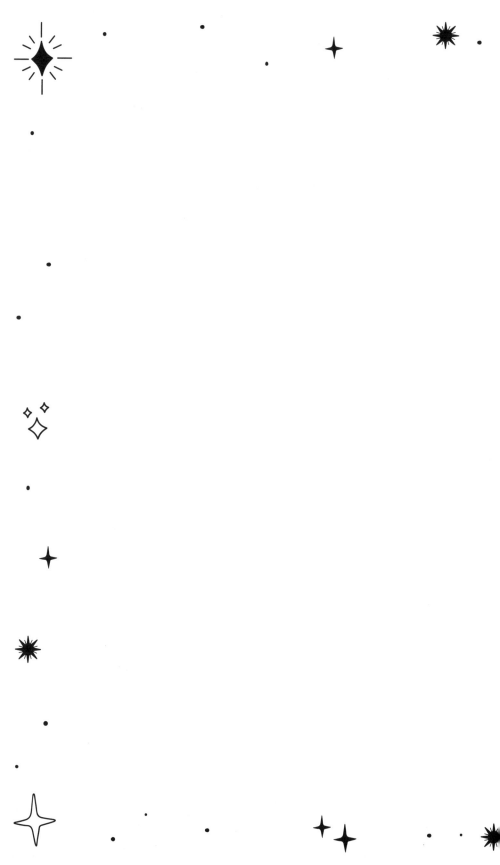

Querida, acabamos de llegar a un punto del libro en el que vamos a hablar de una creencia concreta. Si te detienes un poco a pensar, te darás cuenta de que hemos pasado de dar significado a nuestros sueños de una manera más científica a explicar cómo pueden estar enlazados con situaciones que nuestra alma tiene pendientes. De este melón que vamos a abrir hay cosas que comparto y otras que no, pero primero quiero que te pasees conmigo por los conceptos de «reencarnación», «karma», «dharma», «budismo», «hinduismo», «relación kármica», y abras tu mente y criterio a un nuevo punto de vista focalizado en nuestra esencia para así dar un poco más de significado a ciertos sueños. Además, creo que sería ignorante por nuestra parte hablar del conocidísimo karma moderno, que está de moda, sin conocer su origen.

¿QUÉ ES EL KARMA?

El concepto de karma nace entre los siglos XI y VIII a.C., durante el periodo védico hindú. El vedismo era una religión que se basaba en unos textos escritos en sánscrito llamados «Vedas». No voy a profundizar demasiado en esto porque requeriría mucho más espacio, pero quiero que te quedes con estos cuatro nombres:

- **Rigveda:** el texto más antiguo de la literatura india.
- **Samaveda:** se basa en el Rigveda, pero ordena los conceptos de otra manera.
- **Yajurveda:** cánticos también basados en el primero.
- **Atharvaveda:** es un texto más complejo enfocado a combatir maleficios a través de rituales de fuego.

A través del vedismo, **el karma pasa a ser la base de tres religiones**: budismo, hinduismo y jainismo. Cada una tiene su aproximación a lo que es el karma y las dos primeras conforman algo muy parecido al concepto social que tenemos hoy.

*Bruji*DATO

La palabra «karma» proviene del sánscrito. Lo traduciríamos como «acción».

Para algunos, el karma tiene connotaciones negativas. El ejemplo está en pensar que algo negativo te ha ocurrido por haber hecho una mala acción. Algo así como un pequeño castigo.

Pero **el karma no simboliza solo lo malo**, las consecuencias de nuestras acciones pueden ser positivas o negativas según la naturaleza de la acción. Del mismo modo, el dharma no hace referencia solo a lo bueno. Esta confusión se debe, según los entendidos, a una mala comprensión de las palabras de Buda. El dharma para los vedas era lo equivalente (salvando las distancias) a la virtud para Platón, representaba la divinidad y la más alta perfección. Es **nuestro propósito en la vida**. Aquella aptitud con la que hemos nacido y con la que podemos aportar algo a los demás.

Ahora, vamos al concepto más extendido a nivel mundial: Todo lo encarnado produce karma. Es decir, producimos reacciones tanto positivas como negativas constantemente. Maravilloso, ¿verdad? Y, a qué momento de la historia de la ciencia nos recuerda esto? Efectivamente, a la **tercera ley de Newton**: toda acción genera una reacción de una misma magnitud, pero en sentido contrario.

La diferencia entre uno y otro, es que la reacción no es inmediata. Para que quede claro, el karma es como una semilla que se siem-

bra y florece a su debido tiempo. Con «debido tiempo» me puedo referir a meses, días, horas, años y otras vidas. ¡Ajá! Reencarnación, señoritas. Es por eso por lo que en muchísimas ocasiones no vemos que estamos viviendo las consecuencias de nuestras acciones pasadas. Los veintisiete siglos de diferencia que nos separan han hecho mella en nosotras. No tenemos el mismo tiempo ni capacidad para investigarnos como individuos porque nos distraemos con cualquier actividad o preocupación terrenal.

El karma se representa como una cárcel del alma, una atadura a nuestra existencia con la que sembramos nuevos efectos. La rueda de Samsara es la representación del ciclo de repetición de nuestro nacimiento y encarnación. En él no somos capaces de liberarnos, de seguir enviando nuestra alma a la Tierra a aprender cosas. No liberamos nuestra alma, para ser directa. Se dice que quien actúa con intenciones egoístas, aunque sean beneficiosas para otros, seguirá girando en la rueda de Samsara hasta el final de los tiempos. Es decir, **los cucarachos se quedarán ahí para siempre**.

La rueda de Samsara, o rueda de la vida,
representa el ciclo de nacimiento, vida, muerte y encarnación.

¿CÓMO CONSEGUIRÍAMOS PURIFICAR NUESTRAS ACCIONES Y LIMPIARNOS DE ESOS MALOS EFECTOS?

A través de ofrecimiento y la meditación. Para ir cerrando pestañas, esta sería la metodología hindú, que concibe el concepto como una ley de acción y efecto, un sistema de premios y castigos.

Si nos paseamos por el concepto budista, nos encontramos con el karma como algo humano y natural. Manifiesta que tú eres la responsable de tu vida, la dueña de tus acciones y tu conducta del presente, que es totalmente consciente y que desencadena otros sucesos. Lo importante para tener en cuenta es que lo «gordo» no son las malas acciones, sino las malas intenciones, la ira y la premeditación. Estas tu alma las integra muy mal.

Te preguntarás: **¿Se puede purificar o hacer que nuestro karma evolucione?** Claro que sí, es más, si no lo purificamos, las consecuencias pueden dividirse en dos grupos, las que se pagan en esta vida o las que se pagan en las siguientes:

- **En esta vida:** podrías generar sentimientos negativos que te llevasen a emanar una cierta energía negativa. Esto nos haría propensas a los sucesos fatales.
- **En otras vidas:** padeceríamos sufrimiento, una mala salud o tendríamos una naturaleza un tanto sádica. Sería el peor castigo posible, porque esto nos predispondría a afrontar la vida en medio de una espiral interminable de negatividad por negatividad.

Hay un dicho budista muy conocido que refiere lo siguiente: «si tu espalda comenzase a romperse justo antes de aplastar a un insecto con superioridad, maldad o malicia, nadie tendría que pedirte que pares». Agárrate; ahora viene algo interesante.

Se dice que **quien llega a un estado de meditación e introspección profunda, es capaz de observar en su alma patrones**

del pasado. De sus vidas pasadas, para ser exactas. Si llegamos a ver el origen de nuestros problemas y riquezas, seremos capaces de saber qué es eso tan importante que necesitamos aprender para poder seguir encaminados a liberar el alma. ¿A qué te suenan estas expresiones budistas? Porque a mí me huelen a regresiones.

Estas, o terapias regresivas se practican tanto en el ámbito psicoanalítico de manera terapéutica como en la investigación sobre vidas pasadas. Al fin y al cabo, resulta ser un método de sanación en el que se prioriza recordar mediante un estado alterado de consciencia el origen de algo. Nuestra mente, por suerte o por desgracia, elimina ciertos recuerdos o pensamientos de manera que no podemos retener en el mismo plano toda la información que recibimos.

Yo misma me he sometido a una regresión para intentar recibir información de mi alma sobre vidas pasadas. Como indicaban los hindús, quería alcanzar un estado de meditación y consciencia tan profundo que fuese capaz de identificar mis problemas kármicos. Y así lo hice, te lo contaré con más lujo de detalles cuando hayamos explicado un par de conceptos más.

Debes tener en cuenta que los expertos recomiendan tener cuidado con este tipo de prácticas. Una persona que tenga de por sí ciertos problemas de identidad puede padecer trastornos de personalidad al intentar hacer regresiones y ver una realidad que dista de la suya. No todo el mundo está preparado emocionalmente para hacerlo. Te recomiendo que te reúnas con un profesional y nunca lo hagas sin supervisión.

¿CÓMO AFECTA A NUESTRA SOCIEDAD EL CONCEPTO MODERNO DE KARMA?

Actualmente, en contraste con lo anterior, consideramos el karma como un sistema que castiga a la que nos mira mal o raja de nosotras.

Sería como si caminásemos juntas, criticáramos los conjuntitos de otras mujeres, fuésemos muy poco empáticas y un poco arpías y nos cagase una bandada de gaviotas al momento. Algo inmediato, instantáneo y merecido de lo que una no se puede librar. En el mundo de la brujería existe una gran preocupación por esto. Las brujitas jóvenes piensan que cualquier cosa que hagan o manifiesten conlleva un castigo kármico. Siempre que hablo de estos temas en redes sociales, la gente se viene arriba y cree que la importancia la lleva el hecho y no la intención.

Si haces un ritual de amor propio, de sanación o para favorecer el descanso, tus intenciones no van a cargar ningún tipo de negatividad. Estarías trabajando en ti misma y en tu persona, algo completamente normal y hasta recomendable. El problema estaría en que empezases a hacer rituales para que Fulanito solo pueda pensar en ti, Mocatriz (que, para quien no lo sepa, es modelo, cantante y actriz). Al trabajar nuestro interior y energía propia, comenzamos a considerarnos únicas e inéditas. Por lo tanto, **NO, no trae mal karma ni castigos trabajar o hacer rituales para una misma**.

LAS RELACIONES KÁRMICAS: LOS CONTRATOS DEL ALMA

Hay varias corrientes de pensamiento que nos hablan de «contratos» que firmamos antes de venir a la Tierra. Yo no pienso que el destino esté escrito como tal, pero voy a explicarte esto de la manera más objetiva posible:

Se dice que nuestra alma pacta con otras y con una especie de divinidad lo que va a pasar a lo largo de la vida que escoge vivir. En muchas religiones se dice que la Tierra es el único lugar donde el alma trabaja y aprende, por eso se supone que encarnamos tantas veces en el mismo planeta. Una vez que acordamos nuestro propó-

sito antes de venir al mundo, podemos distinguir distintos tipos de contratos:

Contrato de almas gemelas: existe la creencia de que las almas gemelas pueden ser solo una de las parejas que encontramos a lo largo de nuestra vida, pero esta creencia es errónea, porque no implica necesariamente una relación amorosa de pareja. Tu alma gemela puede ser una persona mucho mayor que tú, mucho menor, de tu círculo, que te brinda ánimo y te anima a conseguir tus metas. El magnetismo que os une puede traducirse en una gran química. En mi creencia pueden ser hasta nuestros pequeños peluditos, que tanto apoyo emocional e incondicional nos dan.

Contrato de llamas gemelas: estas sin embargo, sí suelen ser cónyuges o parejas. Cuando te ves sumida con tu llama gemela, existe un vínculo único e incomprensible entre vosotros. Puede parecer un poco intensito, pero es *supercute* si lo piensas. Son personas que te van a aportar reciprocidad, lo que siempre te has merecido y te ayudan a sentirte amada. Es cierto que, a pesar de los pactos realizados, cada uno nada dentro de su libre albedrío. Esto quiere decir que, aunque vuestra relación sea de llamas gemelas, puede arruinarse o terminarse. No tiene por qué ser para siempre. El magnetismo que hace que os juntéis es la propia llama del amor.

Contrato de relación kármica: este es el pacto más común y doloroso de llevar. Lo que hace que vuestras almas se encuentren no es amor como tal, es la propia herida que ambos tenéis. Son relaciones en las que, en ocasiones, suele faltar el respeto o la buena comunicación entre las dos partes. En este caso, predominan las relaciones madre-hija, padre-hija o con cualquier persona de tu núcleo familiar.

¿Cómo puedes saber si tu relación es kármica? Muy fácil, debes hacerte algunas preguntas sobre ella. Te dejo un par de ideas:

- ¿Esta persona me ayuda a conseguir mis metas y calmar mis inquietudes?
- ¿Su presencia me da paz y tranquilidad en mi vida?
- ¿Me aporta sensaciones y conversaciones profundas?
- ¿Nuestra relación es recíproca? ¿Aportamos lo mismo?
- ¿Encuentro respeto y lealtad en esta persona?

Una vez que hemos identificado qué tipo de relación tenemos, **es importante que meditemos qué herida o vínculo nos unió a esa persona**. Es supercomún encontrarse con patrones de personas narcisistas en tu vida amorosa si uno de tus progenitores ha sido narcisista o egocéntrico contigo. Además, esa espiral de negatividad en la que te ves envuelta solo va a acarrear una desacreditación colectiva y personal hacia tu persona. Lo que te estarás preguntando, si no me equivoco, es si puedes romper el contrato con tu relación kármica. Evidentemente, no es un pacto de sangre, reina.

El contrato se suele romper al encontrar un patrón de heridas y **mediante la meditación, la reflexión y la introspección**. Bien, cuando trabajas los aspectos que te llevaron a esa persona y eres completamente consciente de la realidad, la relación y el vínculo se irán desgastando de forma automática. Cuando ya no haya ningún tipo de implicación emocional, será tu decisión consciente quedarte y aguantar o no las actitudes de esa persona.

No hay muchos indicios que nos suelan ayudar a ver venir una relación kármica desde lejos, pero te doy algunos puntos:

- Si avanza muy rápida sin motivo alguno.
- Si existe una atracción fatal, una conexión hacia la ruina.

- Si una de las dos partes de la relación sufre adicciones o trastornos de conducta.

Te dije que te iba a contar mi definición de «destino». No la he pulido mucho durante estos años, pero creo que puede servir para atar cabos sobre situaciones de tu día a día que te ocurren y no te haces una idea de por qué. Un último paso que puedes dar antes de contártelo es visualizar tu propio concepto de destino, así puedes hacer un pequeño «compara y contrasta».

Me gustaría que prestaras atención a este dibujo:

Me gusta llamarlo **la espiral de la vida**. Una de las tantas maestras que me he encontrado a lo largo de mi aprendizaje sobre estos temas me compartió esta forma tan bonita de afrontar lo que nos pasa sin depender al cien por cien de nosotras mismas. Pensar que todo lo que nos ocurre y a lo que estamos destinados depende enteramente de lo que escogemos en la vida puede ser un poco abrumador. Por eso lo más acertado sería decir que hay dos tipos de destino:

- **Paradas obligatorias:** el destino que nuestra alma pacta antes de encarnarse y que ocurrirá sí o sí.
- **Destino «escogido»:** el destino que creamos al reaccionar a esas paradas obligatorias. Este nos permite vivir

aquello que ya está predeterminado de la mejor manera posible.

Sé que es bastante difícil de comprender y yo soy una rayada, pero el dibujo te va a ayudar muchísimo a verlo con claridad. Imagínate que una de las paradas obligatorias que pacta tu alma antes de llegar al mundo es practicar el sentimiento de abandono. Este se puede dar de muchísimas maneras: un padre ausente, una pareja sin implicación emocional, amistades que van y vienen sin dar explicaciones... En definitiva, un punto de inflexión y momento de reflexión sobre lo que te está ocurriendo. Si reaccionas a esa parada desde la ira y el resentimiento, escoges otro tipo de paradas adicionales. Si lo afrontas con aceptación y resiliencia, las paradas adicionales serán otras. La diferencia está en que estas no tendrán la carga negativa de las primeras y ya habrás trabajado esa energía que tenías pendiente. Te ha encantado y lo sabes.

Si hacemos un ejercicio de introspección y comenzamos a pensar en nuestra propia espiral, veremos que hay momentos y situaciones que no dependían de nosotras. Evidentemente, nos encontraremos con cosas que nosotras mismas hemos elegido vivir.

¿Estás conforme con tus paradas escogidas? ¿Crees que te ha quedado algo por aprender y por eso se te repiten ciertas situaciones emocionales? Patrones, mejor dicho. Te dejo con esta reflexión tan interesante: **cuida tus decisiones y reacciones, son muy valiosas para tu alma**.

LOS SUEÑOS KÁRMICOS COMO VENTANAS A VIDAS PASADAS

Se dice que las personas pueden tener reflejos de vidas pasadas en sus sueños. Momentos de lucidez en los que reconocemos un olor, colores, formas o lugares que nos resultan familiares pero que no podemos identificar con la vida que estamos viviendo porque no cuadran. El dormir y la meditación mantienen una relación muy especial. Se dice que **la mayoría de los mensajes que provienen del astral o que son energéticamente importantes se dan mediante un estado de somnolencia y relajación**. Muy interesante.

BrujiDATO

Curiosamente, las personas que llevan un estilo de vida saludable mantienen ciertos hábitos y cuidan su cuerpo como si de un templo se tratase, suelen soñar y recordar sus sueños en la mayoría de las ocasiones.

Si somos personas que nos estresamos con facilidad o estamos distraídas por los problemas del día a día, no vamos a poder alcanzar este estado. Mi consejo es que encuentres un equilibrio entre lo cotidiano y lo espiritual. Se suele decir que **el estrés es el hueco que queda entre tus expectativas y la realidad que vives**; cuanto más hueco existe, más nos estresamos. Por lo tanto, deberías reducir tus expectativas y agradecer cada aprendizaje y momento vivido. Ahora sí que sí, vamos a lo movidito. Preguntémonos lo siguiente:

- ¿Alguna vez he conectado con una imagen mental que no recuerdo haber vivido y la he sentido cercana?
- ¿He percibido en sueños lugares o épocas a los que no pertenecía? ¿Me he sentido cómoda?
- ¿He soñado con personas o caras familiares con las que jamás he tenido contacto y no tienen las mismas características de las de mi región?

- ¿He desarrollado algún tipo de habilidad sin requerir la práctica que parecía intrínseca en mi alma?
- ¿Alguna vez he sentido un miedo inexplicable a algo que no asocio con esta vida? (Hablo de fobias).
- Al hablar, ¿he conversado sobre temas que me emocionan, pero he sentido que no era mi yo de esta vida la que hablaba? ¿He comunicado cosas que era imposible que supiese en esta vida porque jamás las aprendí o estudié?

Una vez que tengas las respuestas a todas estas preguntas, con el concepto de pacto kármico bien claro, es el momento de plantearte si esto se ha manifestado en tus sueños o meditaciones. De ser así, tu alma o tu yo más interno podría estar intentando comunicarse contigo y decirte algo. ¿Cómo podemos identificar qué nos quiere decir? Pasa algo muy similar con la interpretación de sueños: es tan personal y ambigua que hay que tratarla con mucho cuidado para no dañar a la persona que nos consulta. No sé si crees mucho en estas cosas, pero acompañar estos presentimientos o mensajes con una tirada de tarot u oráculo puede ayudarnos mucho a visualizar de otra manera lo que nos está ocurriendo. No voy a hacer distinciones en este capítulo sobre el estado meditativo y el sueño, ya que de ambas maneras se puede alcanzar un nivel de relajación consciente en el que seremos propensas a estas comunicaciones.

¿CÓMO LLEGAMOS A UN ESTADO MEDITATIVO CONSCIENTE?

Es muy difícil delimitar una idea correcta de meditación. Para mí, no es una destreza en la que tengas un punto al que llegar, como en el deporte o el canto. Es algo más abstracto. Al no haber meta,

también carecemos de recorrido oficial. Más bien señalaría el florecimiento de ciertas sensaciones positivas.

Al hablar de meditación, nos referimos a la CONSCIENCIA. ¿Te acuerdas cuando fui tan pesada con lo INCONSCIENTE y lo CONSCIENTE? ¡O te crees que te digo las cosas por gusto!

Los estados conscientes de nuestra mente nos llevan a trabajar partes muy concretas del cerebro, dejando a un lado el intelecto. Por eso, **tenemos que identificar momentos de atención plena y no desviarnos.** El desviarse mientras meditamos es algo muy común y no representa ningún tipo de problema. El obstáculo es no deshacerse de ese pensamiento ni volverte a centrar en cómo estabas antes de que apareciese. Los expertos afirman que la mejor manera de visualizar esto es pensar que los pensamientos del intelecto son como nubes que pasan por el cielo despejado de nuestra mente. Son algo pasajero a lo que no debemos prestar mayor interés que el que se merecen. Están ahí, existen y puedo verlas.

Se dice que el ayuno favorece este estado y, como curiosidad, en la India estos días de ayuno para propiciar un mejor estado meditativo ya están señalados en el calendario de manera oficial. Otro dato muy interesante es que el alcohol, el tabaco y la masturbación no son compatibles con esta práctica. Se recomienda la retención seminal y la abstinencia a sustancias. ¡Con la Iglesia hemos topado, eh! No es algo que me crea mucho, pero me parece supercurioso.

También nos hablan de buscar un sitio en el que vayamos a encontrarnos lo más estáticas posible. Sin mover músculos, dedos o articulaciones. Deberíamos poder aguantar así como mínimo una hora. Y, sobre todo, debemos **centrarnos en la respiración.** Es lo que va a suponer una diferencia abismal en tu día a día. Practicar y ser consciente del aire que tomas y cómo lo sueltas puede marcar tu conexión espiritual y percepción de la vida. También comentan que, con ayuda de la respiración, puedes hasta contener heridas graves para no sangrar. Yo no lo he comprobado y espero no hacerlo.

En lo personal, me gusta meditar cuando recibo luz solar, me siento superarropada y llena de energía. Las meditaciones menos profundas las hago al despertar y las más gordas a la hora de la siesta. Las cuatro de la tarde es una hora buenísima para estar en un vilo consciente. También predispongo mi cuerpo duchándome o tomando alguna infusión. Escribir antes o después de ese ratito y pensar un poco en lo que he recibido me ayuda a atar cabos y trabajar mi energía. ¿Tú ya meditas? De ser así, ¿te ha ayudado a ver la vida de otra manera o a apreciar cositas que antes no apreciabas?

Hablando de mi práctica personal, ¿qué tal si ahora te hablo sobre las regresiones? En la primera que tuve aprendí muchísimo. Me ayudó bastante que una profesional del tema me indicase en qué debía fijarme para exprimir al máximo la info que recibía.

Retrocedí hasta el día que me encarné en esta vida, asistí a mi parto, visualicé a mis padres mirándome por primera vez. Volvimos a retroceder a cuando mi alma no estaba encarnada. Fue supercurioso intentar visualizar ese lugar donde «esperamos» y pactamos en parte nuestro destino. Veía luz y movimiento, pero no identificaba figuras. Sentía las energías de todo lo que me rodeaba entonces. Flipas, vaya. Uno de los instantes más interesantes que viví fue ver mi aspecto físico anterior. Me fijé en que andaba descalza por una casa en la que el suelo era de madera y las vistas parecían ser de un edificio de bastante altura. Recordé lo que me había dicho mi maestra sobre buscar espejos o maneras de ver nuestro aspecto físico. Solo me veía las manos y las piernas, delicadas, blancas y con puños y rodillas rosadas. Llevaba una falda amarilla

y una camisa blanca. Como curiosidad, el amarillo fue uno de mis colores favoritos en la infancia de mi vida presente. Tenía el pelo largo y cobrizo, pero no logré verme la cara bien. A pesar de eso, al avanzar, volví a verme; postrada en una cama de hospital, con uno de estos aparatos que te ayudan a respirar y te dan más oxígeno. Me estaba muriendo. Escuché a varias enfermeras susurrar que las pandemias en esos años eran letales, que me estaba muriendo y que estaba embarazada. Entonces, levanté la vista y descubrí que no estaban susurrando entre ellas, sino que hablaban con un hombre que lloraba. Vestía un traje azul, zapatos marrones y corbata azul. Al poder centrar la vista en su rostro, sentí un amor platónico y pleno. Era mi amor de esa vida, fue superchocante. No se parecía nada a mi pareja actual, ni siquiera tenía el mismo porte, pero sentí lo mismo que siento al mirar a mi pareja. Amor puro. Se acercó a mi cama y me dio la mano muy muy fuerte. Se estaba despidiendo mientras lloraba y me tocaba la barriga. Empecé a verlo borroso y desperté de mi regresión.

Hoy en día, puedo analizar muchas de las vivencias que experimenté en ese momento y las relaciono directamente con sentimientos de mi vida actual. Para los más escépticos será un poco exagerado o estaré sugestionada por la situación, pero creo que la experiencia me ha ayudado a atar cabos que antes no sabía con qué estaban relacionados y por qué se soltaron. Si algún día se te presenta la oportunidad de hacerlo con un profesional, te lo recomiendo encarecidamente. Por cierto, hablando de sanación, tengo un sistema que creo que te va a gustar mucho para hablar de ella.

Imagínate que la palabra «sanar» se divide en tres partes: cuerpo, alma y emociones. Si no sanas una de estas tres, al final andas coja.

Sin un cuerpo sano, no se disfruta igual, sin un alma sana no se percibe el mundo igual y sin unas emociones sanas, no nos relacionamos igual. Es superinteresante darse cuenta de que no todo es algo físico o mental, sino un conjunto lo que nos lleva a estar en sintonía con el universo y la gente que nos rodea.

SANACIÓN

Física

Mental
Emocional

Espiritual

Y con esto, mi querida lectora, hemos acabado toda la «chapa» teórica que tenía que darte sobre los sueños y las distintas maneras de entenderlos. Espero que te haya servido de ayuda, haya arrojado un poco de luz sobre tus dudas y te ayude a enfocar de otra manera lo sorprendente que es la conexión cuerpo-alma-mente. Ahora pasamos a la parte divertida.

QUINTA PARTE
DICCIONARIO DE LOS SUEÑOS

Abandono

En general, significa que necesitas un cambio. Pero, como con muchos sueños, debes analizar la sensación que te produce este abandono: si es agradable, significa, nunca mejor dicho, que te estás quitando un peso de encima. Si, en cambio, la sensación que tienes al despertar es de angustia, debes observar los problemas o dificultades que estás viviendo.

Ser abandonada por tus amigos o amigas augura soledad, así como falta de confianza en ti misma, temor a fallar.

Si sueñas que eres tú la que abandona algo o a alguien, significa que te sientes demasiado atada a unos principios o que dependes demasiado de tu entorno, familia o amigos.

Abejas

Las abejas son un signo de prosperidad debida al trabajo en equipo. Si sueñas que fabrican miel, tendrás muchísimos éxitos materiales en breve. Verlas en libertad es un presagio feliz. Verlas en una flor indica un nuevo amor.

Sin embargo, también pueden darse en un sueño negativo: si te pica una abeja, puede indicar que habrá mentiras a tu alrededor o que tu reputación está en peligro. Ver abejas furiosas significa que tendrás problemas con tus socios en el trabajo. Y si sueñas que matas o que alguien mata a una abeja, es presagio de que la ruina es inevitable y está próxima.

La colmena representa la vida en comunidad. De este modo, si el sueño es agradable significa que te sientes apoyada por tu familia y amigos. Pero si las abejas se muestran amenazadoras, quiere decir que careces de un espacio propio para ti misma.

Abismo

Los sueños en los que aparece un abismo implican el final de una situación. Suelen ir acompañados por el vértigo físico, ya sea porque estás en el borde de la cama, o emocional porque no puedes controlar la tensión.

Si no caes en el abismo, es que aún estás a tiempo de evitar el peligro. Si caes y logras salir, significa que hay una posibilidad de solucionar el problema, aunque debes pasar por grandes dificultades. Pero si finalmente caes, lamento decirte que suele avisarte de un final desastroso.

Abortar

Soñar que abortas indica que tus proyectos o sentimientos necesitan un cambio de orientación para que se puedan llevar a cabo. Si solo eres espectadora del aborto, significa que tus proyectos se retrasarán por causas imprevistas.

Sin embargo, este sueño puede ser mucho más personal: si estás embarazada o piensas que puedes estarlo, revela los miedos y las dudas ante esta situación. Y si tienes ganas de tener hijos, señala el miedo a no conseguirlo.

Abrazar

Este sueño suele indicar una gran necesidad de cariño y comprensión, así como una necesidad de manifestar nuestros propios sentimientos. Por ejemplo, si sueñas que abrazas a alguien conocido y la sensación es agradable, quiere decir que deberías mostrar más tus sentimientos hacia esa persona.

Si el abrazo lo recibes de tus padres o de tus mayores, señala que has conseguido su reconocimiento por tus logros.

Pero si sueñas que otros se abrazan, sin participar, revela un sentimiento de soledad, de estar de más.

Abrigo

Los abrigos nos ayudan a esconder nuestra personalidad, a ocultarla o camuflarla. Además,

si el abrigo no es tuyo, sino que es de otra persona, significa que dependes de ella. Pero si es tuyo, también puede significar que te sientes muy segura de ti misma y que puedes hacer frente a las adversidades. Como en muchos casos, dependerá de las sensaciones que te genere.

Si ves a alguien llevando un abrigo, indica que esa persona esconde intenciones negativas.

Abuelos

Soñar con nuestros abuelos suele ser agradable y presagia cosas favorables. Sin embargo, si en el sueño te reprochan algo, significa que tú misma te estás alertando, ya que podrías cometer algún error. Si, en cambio, te dan consejos, ¡escúchalos!

Si tus abuelos ya han fallecidos y sueñas con ellos, tradicionalmente se cree que significa que recibirás noticias tristes, aunque yo creo que depende de lo que te hagan sentir. Por ejemplo, si verlos te resulta natural y grato, presagiará, como antes hemos dicho, cosas agradables, incluso un deseo de regresar a tus

propias raíces. Si, en cambio, te sientes triste, puede significar sencillamente que los echas de menos.

Consulta también la entrada *Ancianos*.

Accidente

Los accidentes son avisos de nuestra mente, por lo que tenemos que analizar todo lo que rodea a este sueño. Suelen indicar que en tu camino va a aparecer un gran obstáculo y, dependiendo de si solo lo ves o si nos ocurre directamente, significará que ese obstáculo aparecerá, pero lo esquivarás con certeza o que, por el contrario, te verás metida en el marrón.

Para saber la naturaleza del obstáculo, debes analizar el entorno: no es lo mismo un accidente casero (en cuyo caso debes mirar la entrada *Casa*), que de coche o de avión. En esos casos, te aconsejo que leas la entrada pertinente.

Actor o actriz

Verte actuar suele indicar un deseo de cambiar, de conseguir una imagen distinta a la que tienes. Soñar que eres una actriz indica que no te sientes aceptada y crees que para conseguir éxito necesitas actuar.

Pero si lo que sueñas es con un actor o actriz famoso, significa la posibilidad de alcanzar el éxito y nuevas ofertas económicas.

Aeropuerto

Estar esperando a coger un avión indica que dudas antes de emprender el viaje. Analiza todo lo que pasa en el aeropuerto para tener más información: ¿hay gente? ¿Es agradable el sueño? ¿Te sientes agobiada por la espera? Si todo ocurre con normalidad y te embarcas en el vuelo sin problemas, significa que todo irá estupendamente. Pero si el avión se retrasa o no puedes subir por cualquier razón, significa que crees que habrá impedimentos para cambiar de rumbo.

Consulta la entrada *Avión*.

Agua

Aunque ya hemos hablado con anterioridad de su simbolis-

mo, vamos a ver su significado en los sueños, ya que suele aparecer con mucha frecuencia.

Si el agua es clara, anuncia una vida feliz y apacible, así como pureza de sentimientos. En cambio, si es turbia, indica problemas de salud. Las aguas sucias y encharcadas revelan falta de sinceridad en tus sentimientos.

Una lluvia fina es símbolo de fecundidad y augura éxito en tus proyectos. Por el contrario, soñar con lluvias torrenciales significa deseos mal canalizados y disputas. Soñar con una inundación indica que una emoción demasiado intensa te ha desbordado.

Soñar con un arroyo de aguas claras es indicativo de alegría y relación, pero si las aguas están

turbias o el arroyo está seco, sufrirás pérdidas.

Si el agua sirve para regar, simboliza abundancia y éxito.

Estar en una casa con goteras significa que estás desbordada por las emociones.

Consulta también *Fuente, Lluvia, Lago* y *Mar*.

Ahogarse

Soñar que te ahogas revela un estado de angustia demasiado prolongado. Te avisa de que deberías tomarte unas vacaciones, ya que has llegado al límite de tus fuerzas. Te involucras demasiado en todo y deberías descansar.

Si es un sueño que se repite varias noches, significa que te estás presionando demasiado.

Sin embargo, ante este sueño también debes plantearte si no ha sido provocado por causas físicas, como un collar demasiado ajustado o que se te haya enredado en el cuello mientras duermes.

Aire

Tal como hemos visto antes, el aire es un elemento que, aun-

que no se vea, puede ser muy simbólico.

Suele asociarse al pensamiento, la imaginación y la mente en general, aunque hay que analizar con más profundidad cómo se presenta.

Así, encontrarte en mitad de una ráfaga de aire mientras intentas comunicarte con otra persona, puede significar que la comunicación entre vosotros no será posible en algunos momentos, lo que generará malentendidos y malestar en esa relación.

Si el aire es una brisa agradable que trae olores familiares o susurros, puede ser que tengas que meditar y comunicarte con tus pensamientos. Si, en cambio, está agitado, anuncia problemas.

Si te ves sorprendida por una fuerte corriente de aire es una advertencia para que te protejas de lo que en apariencia pinta bien.

Consulta también *Niebla, Viento*.

Ajedrez

No es un sueño muy usual y suele darse entre las personas

que juegan normalmente. Jugar al ajedrez en sueños simboliza las estrategias de la vida, los riesgos y los pequeños sacrificios que hay que realizar. Este sueño aconseja tener paciencia y estar atenta.

Alas

Soñar con alas implica ascender o volar, aunque solo te las veas puestas. Las alas indican que debes lanzarte a la acción, es decir, que es hora de volar por ti misma y confiar en tus posibilidades.

Si todavía no te has independizado, simboliza tus ganas de independencia y de libertad, es decir, de volar fuera del nido.

Consulta también la entrada *Volar*.

Alianza

Soñar con alianzas no significa necesariamente que estés pensando en boda. En cambio, señala compromisos, acuerdos. Significa que te estás uniendo a otra persona en el entorno de un proyecto que tenéis en común.

Pero si hay más elementos relacionados con una boda, consulta la entrada *Boda*.

Alimentos

Este es un sueño con muchos significados y depende de varios factores. En general, si los pruebas y la sensación es agradable, significa que tus necesidades vitales están cubiertas. Incluso algunas brujitas aseguran que este sueño augura un periodo de éxitos y alegrías. Si la sensación es que los alimentos son amargos o ácidos, denota incomprensión de tu entorno, aunque también puede simbolizar un periodo de problemas.

Si los alimentos están tan calientes que te quemas al comerlos, refleja que estás ansiosa por conseguir cosas muy deprisa. Por el contrario, si están tan fríos que te provocan dentera, revelan egocentrismo y la importancia de compartir de forma desinteresada.

Por último, si alguien te ofrece alimentos y la sensación es agradable, significa que te sientes cuidada y protegida.

Mensaje aparte tiene la *Fruta* (ver entrada).

Amanecer

Soñar con un amanecer de esos de película simboliza que se va a producir el final de la noche simbólica, es decir, de las adversidades o tristezas. Es el inicio de un nuevo día, de una nueva etapa de mayor felicidad y optimismo.

Amante

Soñar con un amante desconocido cuando estás sin pareja significa que estás abierta al amor, pero si ya tienes pareja, puede augurar enfados o engaños (no necesariamente que te ponga los cuernos, sino que te sientas engañada de una forma u otra).

Amarillo

El amarillo es, por excelencia, el color del sol, de la intuición y de la iluminación. Es el atributo del dios Apolo, de la generosidad y del intelecto. Tradicionalmente, corresponde al elemento aire y suele implicar éxitos, alegrías, confianza en una misma.

Sin embargo, si te produce nerviosismo o la luz amarilla es tan intensa que deslumbra, debes evitar actuar de forma precipitada. Aún no estás preparada para recibir lo que te espera.

Amigos

Es muy frecuente que aparezcan amigos o amigas en nuestros sueños, pero debes analizar si son personajes secundarios o más bien protagonistas, es decir, si el mensaje que te pueden transmitir o las acciones que hagan son importantes.

El aspecto del amigo indicará el estado de tus relaciones. Si tiene buen aspecto, significa que vuestra amistad es sólida. En cambio, si tiene mal aspecto o tiene un aspecto muy desaliñado, indica que la amistad podría ir en declive.

Si discutes con ellos, revela que tienes miedo a que esta discusión se produzca en la vida real y tenga consecuencias no deseadas. Quizá estás dolida y no sabes cómo planteárselo.

Si sueñas con un amigo o amiga que hace tiempo que no ves, anuncia que pronto recibirás noticias suyas o incluso que os encontraréis en breve.

Amor

En general refleja la necesidad de alcanzar la plenitud, la felicidad. Tradicionalmente se lo ha considerado un sueño de sentido inverso: soñar que somos amadas y felices refleja que en la vida real hay problemas y augura penurias; mientras que soñar que no somos correspondidas augura felicidad.

Si domina el erotismo y la sensualidad, refleja tu necesidad de trascender lo cotidiano.

Revisa las entradas de *Abrazar*, *Beso* y, si es el caso, de *Sexo*.

Ancianos

Los personajes ancianos de nuestros sueños representan sabiduría y experiencia, por lo que debemos escuchar atentamente los mensajes que nos quieran transmitir.

Si ves ancianos que no conoces y que te protegen de un modo u otro, indica que recibirás protección de desconocidos, es decir, que alguien con quien no cuentas en el día a día, en realidad, vela por ti.

Si tienen relación con el trabajo o con los amores, señala que la situación actual se mantendrá en el tiempo, a pesar de los posibles problemas que puedan aparecer y que te inciten a pensar en lo contrario. Es por tanto un sueño muy positivo.

Anillo

Las figuras redondas y cerradas como el anillo, el brazalete o el cinturón, son símbolo de continuidad y protección, y su presencia augura un compromiso, una declaración de amor o un acuerdo próximo. Puede relacionarse con algo que iniciarás pronto, ya sea una relación, un trabajo, etc.

Lo que le suceda al anillo en el sueño le ocurrirá también al vínculo que representa. Por lo tanto, una alianza rota presagia la ruptura de esa relación o un divorcio, y perderlo augura disputas con la persona que nos lo entregó.

Verte poniéndole un anillo a otra persona indica el deseo de establecer un vínculo más fuerte con ella.

Si por el contexto no es un anillo corriente, sino que se trata más bien de una *Alianza*, consulta esa entrada.

Animales

Representan las cualidades o defectos con los que tradicionalmente se les asocia y, por eso, es mejor que consultes por separado el animal concreto con el que has soñado, sobre todo si sueñas que eres ese animal.

Si en el sueño has sustituido a una persona concreta por un animal, significa que no eres capaz de reconocer los sentimientos negativos que dicha persona te genera. Te es complicado hablar de ella, por lo que es más «cómodo» sustituirla por una figura animal.

Ante todo hay que distinguir entre animales salvajes y los domésticos, ya que los primeros se relacionan con nuestro inconsciente, mientras que los segundos indican el control sobre nuestro mundo interior.

Si un animal salvaje te ataca, indica que tendrás problemas con personas queridas, sobre todo si estas aparecen a lo largo del propio sueño. Si un animal te ataca, sea salvaje o no, y le ganas, indica que conseguirás tus objetivos ya que sabrás utilizar tus propios recursos.

Si te ves alimentando animales, significa que estás asentando las bases de una nueva situación. Si el entorno es el de una granja, llena de animales en armonía, indica equilibrio y estabilidad.

Araña

En general, y sin necesidad de que padezcas aracnofobia, soñar con arañas es un sueño negativo, ya que tanto estas como la telaraña simbolizan que te estás precipitando en una trampa. También significa problemas para tejer relaciones, soledad.

Si sueñas que estás atrapada en una telaraña, revela que te sientes sujeta a tensiones que son difíciles de soportar y de las que no sabes cómo salir.

Si te pican, debes reflexionar si puedes ser víctima de ataques en tu entorno, ya sean reales o simbólicos. El sueño te está instando a tener cuidado.

Árbol

Representa tu propia personalidad. De este modo, un árbol frondoso y robusto expresa seguridad y creatividad. Estás en una situación inmejorable para cumplir tus deseos. En cambio, si es débil y sin hojas, indica que no estás en el buen camino y que careces de la suficiente experiencia para realizar lo que te propones.

Si en el sueño subes a un árbol, te esperan honores y fortuna, pero si caes, puedes perder el empleo. Si caes desde muy poca altura, el único peligro será el de quedar en ridículo.

Consulta también *Bosque*.

Arcoíris

Simboliza la esperanza y la prosperidad, así como el éxito en todo aquello que deseemos realizar.

Si ves que el arcoíris aparece en un camino, significa que las perspectivas son inmejorables.

Si aparece sobre el mar, señala apertura de horizontes. Si aparece entre las montañas, señala que mejorará nuestra calidad de vida. Y, por último, si aparece después de una tormenta, indica que encontraremos la felicidad.

Arena

Soñar con una playa de arena fina augura paz y sensualidad, aunque si la arena es la de un desierto, indica aridez y estancamiento. Si en el sueño caminas por la arena y te cuesta, indica tu temor a no alcanzar tu meta. En cambio, si caminas descalza y el sentimiento general del sueño es agradable y positivo, indica que superarás todos los obstáculos.

Las arenas movedizas nos avisan de peligros inesperados: cuidado, podrías verte atrapada en alguna situación complicada.

Si en el sueño haces castillos en la arena, indica un deseo de regresar a tu infancia, cuando tus deseos se materializaban gracias a las personas mayores.

Sentido aparte tiene soñar que encuentras arena en la ropa o en la comida, lo que indica que

te sientes intranquila por tu situación actual.

Armas

Las armas suelen indicar violencia y avisan de peleas, conflictos o una falta de seguridad en ti misma.

Si en el sueño te ves con un arma de fuego en las manos o disparándola, significa que estás empleando tus energías de forma negativa. Pero si no llegas a disparar, el problema se arreglará sin grandes consecuencias.

Las armas blancas simbolizan una rotura, una separación. Es un sueño muy recurrente en la adolescencia durante el despertar sexual.

Arroz

Aunque en un primer momento parezca un alimento corriente, el arroz es por excelencia símbolo de la abundancia y la prosperidad. Piensa que por eso mismo, como deseo de felicidad y abundancia, se lanza arroz a los recién casados.

Si sufres alguna enfermedad o no te encuentras muy bien, so-

ñar que comes arroz augura una pronta recuperación.

Si lo que sueñas es que te lo ofrece alguien, simboliza el principio de una relación duradera y muy próspera.

Ascensor

Simboliza las subidas y bajadas en tu carrera profesional. Si el ascensor está vacío, indica que has perdido una oportunidad, mientras que si está lleno, es señal de que existe mucha gente que está compitiendo contigo.

Si el sueño es una pesadilla en la que el ascensor se cae bruscamente, expresa temor a la muerte, así como miedo a todos los ataques que puedan destruir tus ilusiones. Si es el ascensor de tu trabajo o de un entorno laboral, indica temor al fracaso.

Si te quedas encerrada dentro, significa que te sientes atrapada por el mundo que te rodea.

Asesinato

Simboliza finalizar con viejas costumbres, romper lazos. Normalmente matar implica el deseo de acabar con una situación para comenzar una nueva. De una forma u otra, los sueños con violencia implican un conflicto interno que no sabes canalizar de forma adecuada.

Consulta también *Matar*.

Atropello

Los atropellos simbolizan los errores que has cometido hace poco o los que puedes cometer en breve si sigues por el mismo camino.

Soñar que te atropellan te advierte de que vayas con más cuidado y reflexiones sobre tus circunstancias. Si, en cambio, eres tú la que atropellas a alguien, indica que es probable que estés a punto de cometer una imprudencia. Es una advertencia para que rectifiques a tiempo.

Autobús

Subir a un autobús implica un cambio en tu vida que también afectará a otras personas directa o indirectamente.

Si está lleno de gente, revela la necesidad de compartir tus proyectos, ideas o pensamientos con aquellos que te rodean. En cambio, si está vacío, indica timidez extrema y dificultad para establecer alianzas.

Por otra parte, si se te escapa el autobús, simboliza una esperanza de cambio frustrada o la falta de recursos para salir de una situación muy complicada.

Como transporte colectivo, si sueñas que lo conduces, señala que prefieres dirigir a ser dirigida, así como ganas de servir a los demás.

Automóvil

Conducirlo implica que darás una nueva orientación a tu vida. Si lo conduce otro, indica que te sientes incapaz de tomar tu propio rumbo, nunca mejor dicho, de conducir tu propia vida.

Si está quieto, es decir, si lo importante no es su movimiento sino su aspecto, debes analizar cómo lo ves, ya que simboliza tu propio cuerpo. De esta manera, un automóvil en mal estado es una alerta para cuidar tu salud.

Por otra parte, soñar que te regalan un coche es muy positivo, ya que significa que alcanzarás tus metas y que, además, recibirás el apoyo de las personas que te rodean.

Autopista

Las autopistas suelen ser caminos más amplios, cómodos y rápidos, por lo que suelen ser una buena señal siempre que no te veas conduciendo a gran velocidad y la sensación sea de vértigo o de pérdida de control, en cuyo caso es un sueño de alerta.

Avalancha

Las avalanchas simbolizan un hecho que nos sobrepasa: su inmenso poder de destrucción se lleva por delante todo lo que encuentra. Es probable que esa circunstancia en la que tenías las esperanzas puestas se detenga por completo.

Tradicionalmente se diferencia si la avalancha es de tierra o de nieve. Así, si es de tierra, simboliza una pérdida de la firmeza pero con un toque de regeneración final. En cambio, si es de nieve, indica que nuestras emociones nos sobrepasarán.

Avión

Los sueños en los que aparecen aviones, avionetas, globos, naves espaciales, etc., expresan un deseo de superación, la necesidad de elevarte o incluso de huir de la realidad.

En el plano profesional, ver que se eleva un avión refleja tu ascenso actual, aunque si este se estrella, significa que estás utilizando los medios incorrectos. Si el contexto no es laboral, implica una pérdida de energía, quizá por algún fracaso reciente.

Soñar que estás dentro de un avión volando expresa el temor a que tus anhelos sean más ideales que reales y que no logres realizarlos.

Los aterrizajes presagian un desenlace feliz. También apuntan a una toma de contacto con la realidad después de haber confiado en sueños abstractos.

Consulta también *Volar*.

Avispas

Al contrario de las abejas, que producen miel y son un símbolo de la abundancia, las avispas auguran dificultades o problemas, tanto si las vemos en el sueño como si nos pican en el mismo. Solo si las matamos, el sueño será positivo, ya que implica que serás capaz de superar estos problemas.

Azul

Tradicionalmente es el color del cielo, del espacio y del mar, y significa altura, profundidad y el pensamiento. Se relaciona también con los signos zodiacales de piscis y sagitario.

En su sentido positivo, el color azul simboliza paz, tranquilidad, relajación, serenidad, seguridad, bondad y lealtad. Por el contrario, en su aspecto negativo, es símbolo de aburrimiento, paralización, vacío e ingenuidad.

En nuestros sueños, los objetos que veamos de este color serán importantes y su significado se verá influido por él. En este sentido, si te ves vestida de azul, significa que te sientes segura y tranquila para enfrentarte a tus problemas.

Baile

Bailar en sueños augura momentos felices y mucho éxito. También nos puede reflejar a nosotras mismas. Por ejemplo, verte bailar libre y sin vergüenza indicará equilibrio personal.

El baile refleja la forma en la que te mueves en tu entorno. Si bailas con la persona que amas, significa que tu amor es compartido y llegaréis a formar una unión sólida. Si el baile es en grupo, augura buenos resultados en proyectos en los que participen más personas, como en un entorno laboral.

No obstante, si estás en un baile de disfraces, el sueño señala que hay cosas que no te atreverías a mostrar si no estuvieras protegida por el disfraz. En este caso, consulta *Disfraz*.

Bajar

Bajar, en general, indica que has finalizado una etapa de tu vida. Sin embargo, hay que distinguir si este descenso es voluntario o involuntario, ya que el significado será muy distinto.

Si sueñas que bajas voluntariamente de un vehículo o de un lugar elevado, implica que has finalizado, o vas a finalizar, una etapa de tu vida. Obtendrás la recompensa a tus sacrificios en breve.

Si el descenso es involuntario, forzado o incontrolado, indica que has estado inmersa en una situación que se está deteriorando y que no sabes cómo solucionar. Si la sensación del sueño es muy angustiosa, casi una pesadilla, refleja temor a los cambios y a lo desconocido o miedo a dejarte llevar por tus impulsos.

Consulta también las entradas *Caer* y *Escalar*.

Balanza

Soñar con una balanza de esas antiguas indica la necesidad de medir o revisar algún aspecto de tu personalidad o de tu vida. No en vano es un símbolo universal del equilibrio y de la justicia y está asociada al signo zodiacal de libra.

Una balanza vacía indica problemas de autoafirmación y, si está desnivelada o rota, indica desilusión, caos.

Balcón

Salir al balcón significa apertura al exterior, hacia las posibilidades que te ofrece la vida.

Si sueñas que caes de un balcón, significa que podrías perder una gran oportunidad por actuar precipitadamente. Mientras que verte sola en uno o si es el de un sitio importante, como un ayuntamiento, presagia el reconocimiento de los méritos realizados.

Balneario

Consulta la entrada *Baño*.

Banca

Los bancos representan nuestra reserva de recursos y energía. Por ello, soñar que guardas dinero, joyas u objetos preciosos en un banco, expresa tu necesidad de protección ante problemas que se avecinan. En cambio, si sacas dinero, significa que tendrás energía suficiente para enfrentarte a ellos.

Sin embargo, otras brujitas interpretan este sueño como una señal de que recibirás dinero o ganancias materiales en breve. Por el contrario, si sueñas que te atracan en un banco, significa que tendrás que desembolsar dinero.

Consulta también *Dinero*.

Bandera

Ver en sueños una bandera ondeando es un símbolo excelente, ya que augura riqueza, honores y éxito. Si la portas o la ves en la cima de una montaña o en lo alto de un edificio, significa que pronto alcanzarás tus objetivos.

Los colores de la bandera te darán más pistas, ya que hay toda una simbología universal: la negra con la calavera es la pirata; la del arcoíris es la gay; la roja es símbolo del peligro; la de color naranja indica precaución; la verde, que no hay peligro (piensa en las banderas de las playas, por ejemplo); la blanca indica tregua, etc.

Banquete

Soñar que estás reunida con tus seres queridos augura el reencuentro con familiares o nuevos contactos en el terreno profesional.

Si te invitan a un banquete o a una reunión, recibirás ofertas muy buenas. Si rechazas la invitación o te vas, indica que tienes ganas de aislarte o no tienes demasiada confianza en los que te rodean en el sueño.

Consulta también *Comer*.

Baño

Bañarse revela una necesidad de purificación y de regeneración. Si el baño es agradable o es tipo spa, ¡felicidades!, significa que has alcanzado la armonía y que obtendrás salud y prospe-

ridad. En cambio, si el agua está demasiado caliente, fría o turbia, indica falta de honestidad en tus sentimientos o conflictos internos.

Consulta también las entradas *Agua* y *Casa*.

Baraja

Este sueño es muy simbólico y tiene muchos significados dependiendo del contexto o incluso de si ves claramente de qué palo son las cartas que predominan. En general, las cartas simbolizan el azar, la suerte, el destino.

Así, soñar que ganas una partida de cartas augura éxitos en la vida. En cambio, si la pierdes, augura problemas. Si solo estás jugando, sin ganar o perder, implica que estás dispuesta a aceptar los resultados.

En cuanto al simbolismo de los diferentes palos, podemos diferenciar los siguientes significados:

- Los bastos indican un reto, pero hablan de vitalidad, ambición y confianza. Pueden augurar conflictos.

- Las espadas simbolizan la búsqueda de nuevos horizontes, independencia. Auguran éxitos profesionales.
- Las copas se relacionan con los sentimientos, la intuición, lo íntimo. Auguran una vida social activa.
- Los oros hablan de seguridad, constancia y unas metas firmes y concretas. También auguran prosperidad económica.

Si la baraja es del tarot, ¡felicidades!, es un buen augurio. Consulta la entrada *Tarot* o el símbolo de la carta.

Barco

Soñar que haces una travesía en barco indica que ya has empezado una nueva etapa de tu vida, una nueva relación amorosa o, en todo caso, que necesitas viajar a tu interior para finalizar una etapa y comenzar otra nueva. Sin embargo, un barco que naufraga te advierte del peligro de una ruptura inminente, ya que los sentimientos no están suficientemente afianzados.

Si es una barquita, se relaciona más con las cunas y, por tanto, con las ganas de regresar a la seguridad de la infancia. Esta barquita puede navegar por aguas tranquilas, que simbolizan seguridad, o por aguas revueltas, que implican que la situación puede ser difícil de controlar.

Barreras

Los sueños en los que aparecen barreras, muros o barrotes anuncian la existencia de dificultades para alcanzar tus objetivos. Cuanto más sólida e impenetrable sea la barrera, mayores serán los obstáculos que deberás salvar.

Si logras superarlas todas, significa que, aunque existan inconvenientes, sabes que lograrás alcanzar tus objetivos.

Barro

El barro es producto de la mezcla de la tierra, es decir, lo concreto y sólido, con el agua, los sentimientos. Si el elemento dominante es la tierra, indica desarrollo, nacimiento. Por ejemplo, verte modelando barro quiere decir que tu parte creativa está en plena ebullición y augura muchos éxitos. Si, por el contrario, el elemento dominante es el agua, lo que generaría un barro casi líquido, el mensaje es que debes prestar más atención a tu intuición.

Bastón

Un bastón puede servirte como arma, para apoyarte o ser un símbolo de mando.

En el primer caso, el sueño simboliza inseguridad y temor a las amenazas, y presagia separaciones o rupturas. Puedes consultar también *Armas*.

Si sirve de apoyo, augura una amistad sólida y provechosa y si está roto, indica pérdida de seguridad.

Por último, si es un bastón de mando, indica la necesidad de destacar, de tomar el mando en tu entorno, nunca mejor dicho.

Bebé

Soñar con un bebé significa que te sientes feliz y viva, aunque también puede indicar el deseo de volver a tus orígenes y descu-

brir tu verdadera personalidad. Si son varios, augura nuevos inicios.

Si te ves como un bebé, indica necesidad de atención y de cuidados. Si el bebé llora sin parar, te señala que estás abandonando a alguien o a algún proyecto cuando todavía necesita de nuestra ayuda.

Ver el nacimiento de un bebé anuncia la creación de algo nuevo (un proyecto, una idea...).

Beber

Si sueñas que bebes agua para saciar, tu sed augura que alcanzarás salud y prosperidad siempre que el agua sea limpia. Si el agua que bebes es oscura, augura problemas sentimentales. Consulta también *Agua*.

Si lo que tomas es una bebida alcohólica, presagia alegrías y celebraciones siempre que no se beba en exceso. Pero si sueñas que has bebido demasiado, puede revelar que estás intentando anestesiar el dolor o los problemas en vez de enfrentarte a ellos. Consulta *Embriaguez*.

Beso

Besar en sueños, en general, anuncia un acercamiento a alguien con quien deseas tener una relación más estrecha. El beso es un símbolo universal del amor, de la pasión, aunque también de la traición. Por eso, será importante ver el contexto del sueño. Por ejemplo, si quien te besa es un enemigo, debes tener cuidado, ya que puede augurar un nuevo ataque. Y si quien te besa es la muerte o una figura similar, augura el final de un proyecto.

Biblioteca

Las bibliotecas son un símbolo universal de la sabiduría, de los conocimientos. Si ves una biblioteca vacía en tus sueños, te advierte de que debes adquirir mayores conocimientos o más experiencia para conseguir tus objetivos. Por el contrario, si la ves repleta de libros, indica que tienes los recursos necesarios para alcanzar tus metas.

Si hay un libro que destaca, consulta la entrada *Libro*.

Bicicleta

Los sueños en los que aparecen medios de transporte revelan la necesidad de relacionarnos con otras personas que están alejadas de nosotros. Sin embargo, a diferencia de otros medios, la energía que impulsa la bicicleta es personal y depende de nuestro esfuerzo. Por tanto, este sueño te avisa de que no debes esperar la ayuda de nadie.

Subir una cuesta en bicicleta indica que estás enfrentándote a un problema y que, tras dedicarle esfuerzo, lograrás superarlo. Si la bajas, no te preocupes, ya que tiene un significado igual de positivo.

Si en el sueño te caes de ella, augura pérdidas, sobre todo económicas.

Puedes consultar también *Autobús*, *Automóvil*, *Avión*, *Barco* y *Tren*.

Blanco

El blanco es un color que surge de la combinación o visión simultánea de todos los colores del espectro solar, por lo que simboliza universalmente la pureza y la alegría. Como aspecto positivo, indica sabiduría, perfección, virtud, inocencia, sinceridad, amor a la verdad, liberación, objetividad e instinto para los negocios. En su aspecto negativo, implica perfeccionismo, tendencia a la abstracción y frialdad.

En los sueños, el color blanco puede simbolizar la vida o la muerte. En el primer caso, el blanco es símbolo, como ya hemos dicho, de pureza, esperanza, sabiduría. En el segundo, en cambio, implica el final de un ciclo.

Boca

La boca es un elemento muy significativo en la comunicación y en la alimentación. Dependiendo del contexto del sueño, debes interpretarla de una forma u otra.

Soñar con una boca cerrada implica falta de comunicación, mientras que si está abierta puede indicar que necesitas expresar algo con mayor claridad.

Si sueñas que tu boca está llena y el sentimiento es de an-

gustia, significa que tienes problemas para comunicarte o que te sientes incapaz de sobrellevar todas las responsabilidades de tu vida.

Si sueñas que te lavas la boca, significa que tus palabras no se corresponden con tus verdaderos sentimientos.

Consulta también *Beso*.

Boda

Dependiendo del sentimiento que prevalezca, soñar con una boda puede indicar miedo al compromiso o, por el contrario, un deseo de que este se produzca, ya sea en un plano amoroso como en un plano más simbólico. De nuevo, analiza muy bien la sensación que te genera el sueño.

Consulta también la entrada *Alianza*.

Bolso

El bolso representa tus secretos más íntimos. Si en el sueño lo abres y sacas su contenido, indica que necesitas expresar tus vivencias. Si, por el contrario, está cerrado, indica la existencia

de un secreto que quieres conservar oculto.

Perder el bolso significa que alguien conoce esos secretos que mantienes ocultos. Si te lo roban, alguien está intentando entrometerse en tu vida. En ese caso consulta también *Robar*.

Bosque

El bosque simboliza el inconsciente: ansiedades, instintos y pasiones ocultas. Antiguamente eran lugares sagrados en los que se llevaba a cabo el culto a las divinidades. Están llenos de misterio y pueden generar tanto sentimientos positivos como negativos.

Si experimentas una sensación de paz y plenitud, significa que te sientes segura y satisfecha contigo misma. Por el contrario, si sientes miedo o te pierdes en el bosque, es señal de que tienes temores y complejos.

Si hay un árbol que prima, consulta *Árbol*.

Brujas

Para los niños y adolescentes, este sueño revela los deseos

no cumplidos, además del temor a los aspectos desconocidos de la vida. Pero, para un adulto, su significado dependerá de la sensación: positiva, cuando la bruja representa la sabiduría y la fuerza, o negativa, cuando representa la maldad y la destrucción.

Si la ves en una escoba, augura el final de una etapa. Si ves más de una y te amenazan, debes ser menos influenciable.

Burro

Los burros o asnos representan el esfuerzo, la paciencia, la humildad y la constancia. Si te ves montándolo, augura que, aunque con esfuerzo, alcanzarás la meta. Si lo recibes como regalo, augura un nuevo trabajo.

Caballo

Como ya vimos en la entrada *Animales*, cada animal representa las cualidades o los defectos con los que se le asocia.

El caballo simboliza la fuerza de nuestros instintos y suelen ser también portadores de buenas noticias. En las fábulas y leyendas se le atribuye la facultad de predecir el futuro y prevenir a los jinetes. De este carácter mágico deriva la creencia en las herraduras de la buena suerte.

Cabalgar en sueños expresa la confrontación entre la mente y los instintos. Soñar que galopas a rienda suelta significa que deberías dar más libertad a los sentidos. Tu dominio del caballo señalará tu capacidad para dominarlos.

Si el que sueña es un niño o una niña, indica ganas de vivir aventuras.

Cabaña

Las cabañas simbolizan el refugio seguro y soñar con ellas augura un periodo de paz y tranquilidad. No obstante, si este sueño lo tiene un adolescente, significa que todavía se niega a asumir sus responsabilidades.

Para un sentido más general, consulta *Casa*.

Cabello

Se considera que el cabello es una manifestación de la energía vital y, por encontrarse en la cabeza, simboliza las fuerzas superiores. Por su color puede simbolizar la energía terrestre (negros), los rayos del sol (rubios) y cierto carácter demoniaco y sensual (rojizos).

Ver en sueños un cabello sano y largo indica que te sientes capaz de alcanzar el éxito. Por el contrario, soñar que se te cae refleja tus temores e inseguridades. No obstante, si te lo cortas en el sueño, significa liberación y renuncia.

Cabeza

La cabeza simboliza el alma y la inteligencia, por lo que es un sueño muy positivo. Sin embargo, si la sensación no es buena, puede significar que estás dejando otras partes de tu cuerpo en un segundo plano.

Verte con la cabeza cortada o cortarle la cabeza a alguien, aunque puede parecer una pesadilla sacada de *Alicia en el país de las maravillas*, augura en realidad cambios positivos en tu vida y también la liberación de tu capacidad creativa.

Consulta también *Sombrero*.

Cadena

Las cadenas simbolizan el orden lógico de los acontecimientos. En este sentido, el sueño te invita a revisar el pasado para solucionar tus problemas presentes y futuros.

Como figura redonda y cerrada, tiene el mismo significado que el *Anillo*, es decir, continuidad y protección, y su presencia augura un compromiso, una declaración de amor o un acuerdo próximo. También puede relacionarse con algo que iniciarás muy pronto, ya sea una relación, un trabajo, etc.

Pero dependiendo del contexto del sueño, también puede indicar una falta de libertad si te ves encadenada. Y si rompes las cadenas que te ataban significa que vas a dejar atrás los problemas o dificultades.

Caer

Soñar que caes suele ser un aviso de lo que te espera si no tomas las precauciones necesarias. Si te ves cayendo al vacío o en un abismo, indica un exceso de preocupaciones. Consulta *Abismo*.

Si caes o resbalas desde muy poca altura, de forma casi risible, te advierte que tengas cuidado con los descuidos.

Café

¿Eres muy cafetera? Pues bien, soñar que bebes café tan ricamente significa que has llegado a un periodo de tranquilidad y de superación de los problemas.

Caja

Como todos los objetos que sirven para contener algo, las ca-jas presagian abundancia, riqueza y felicidad si las ves llenas, y pobreza y desgracia si las ves vacías.

Si es una caja de regalo, pronto verás tus esfuerzos recompensados. Si encierra objetos personales, indica que dispones de muchos recursos para resolver tus problemas actuales.

Si es una caja fuerte, tienes temor a que algo te sea arrebatado, algo que guardas bajo llave en un lugar muy seguro.

Calendario

El calendario, como el *Reloj*, simboliza el paso del tiempo. Si en él destaca una fecha antigua, implica que tienes ganas de regresar al pasado. Si es una fecha futura, augura que un proyecto que esperas llegará con mucho éxito.

Si te ves rompiendo hojas del calendario, indica que estás intentando ocultar o borrar algo que pasó.

Calle

Las calles simbolizan el camino que seguimos en nuestra

vida cotidiana, por lo que es importante que te fijes en su aspecto general.

Si son amplias y repletas de árboles, indica que te sientes satisfecha con tu vida actual. Cuanto más estrechas sean, más escasas serán tus alternativas.

Si se trata de un callejón, es una clara advertencia de que la situación en la que te encuentras no tiene solución, sobre todo si ves que no tiene salida.

Cama

La cama puede representar la necesidad de descanso o de relaciones sexuales.

En el primer caso, soñar que estás tumbada en la cama significa que tienes un exceso de actividad en tu vida real y lo que deberías hacer es dedicarte más tiempo a ti misma y a tus seres queridos.

En su vertiente sexual, una cama desproporcionadamente grande muestra una obsesión por el sexo; por el contrario, una cama pequeña indica desinterés.

Por último, si sueñas que estás postrada en una cama, señala

que tienes miedo de las enfermedades. En este caso consulta *Enfermedad*.

Camello

El camello simboliza la perseverancia y la paciencia. En general es un sueño muy positivo, ya que augura que alcanzarás tus metas gracias a tu esfuerzo.

Si ves un grupo de camellos, significa que tienes muchas energías y reservas para enfrentarte a las dificultades.

Camino

Los caminos simbolizan siempre tu destino, ya sea el punto de partida o sea la meta, según el sueño.

Si sueñas con varios caminos, es decir, con una encrucijada, implica que deberás escoger entre varias opciones.

El aspecto del camino te dará más pistas del significado: si es recto y amplio, augura éxitos y felicidad; si es estrecho, implica que tu margen de acción será limitado; si es accidentado, te advierte que encontrarás obstáculos.

Consulta también las entradas *Autopista* y *Calle*.

Camión

El simbolismo del camión tiene mucho que ver con el significado de *Automóvil*, aunque con un componente de carga, de transporte de cosas. Por ello, implica que no empezamos el trayecto con las manos vacías.

Cárcel

Los sueños en los que aparece una cárcel o en los que nos sentimos aprisionadas aluden a una limitación de nuestro potencial creativo. Quizá te sientas atrapada por tus sentimientos o por una situación que literalmente te paraliza. Por ello, te aconseja reflexionar sobre las causas de tu reclusión.

Por el contrario, si de alguna forma el sentir del sueño es positivo, implica un deseo de afianzarte, de tener los límites claros y que la situación sea estable.

Si la puerta de la celda está abierta, implica que el cambio es inminente.

Carretera

Para entender su significado, consulta las entradas *Autopista* y *Camino*.

Carro

El carro representa la naturaleza física del ser humano: el vehículo es el cuerpo; los animales que tiran son las fuerzas vitales; las riendas, la inteligencia y el conductor, la dimensión espiritual. El significado global del sueño es el mismo que para el *Automóvil*.

El carro, como séptimo Arcano Mayor del tarot, está representado por un joven con una armadura metálica de color azul y un cetro que lo conduce con riendas rojas y con el emblema del globo alado egipcio. Del carro tira un animal de dos cabezas o dos caballos, uno blanco y otro negro, símbolo de los poderes que se deben equilibrar para poder avanzar. Soñar con esta carta augura progreso, autodominio y victoria, ya que mantendrás el equilibrio necesario. Ver también *Tarot*.

Carta

Las cartas postales están relacionadas con las personas que nos rodean y con la comunicación. Así, soñar que no recibimos cartas es un aviso para que te pongas en contacto con tus seres queridos, pues es posible que te necesiten. Si la que recibes es de un amigo o de una amiga, puede indicar que necesitas su apoyo. Si es de una empresa, revela que anhelas cambiar de trabajo.

Si es un naipe, consulta la entrada *Baraja*.

Casa

La casa representa tu personalidad y tu situación actual. Por lo tanto, para conocer el significado de este sueño, debes analizar sus detalles.

El interior de la casa simboliza tu organismo: el comedor y la cocina representan el aparato digestivo; el dormitorio, el descanso y la actividad sexual; el cuarto de baño, los riñones y la limpieza tanto física como mental. Los pisos altos serían la mente, mientras que la bodega representa el inconsciente.

Si cambias de casa en sueños, indica la necesidad o el deseo de un cambio de vida. En este caso consulta *Mudanza*.

Si la casa es la de nuestra infancia, lo que suele ser incluso un sueño recurrente, significa que te gustaría regresar al pasado, posiblemente porque te sientes incapaz de enfrentarte a la situación actual.

Consulta también las entradas *Cabaña*, *Castillo*, *Caverna*, *Hotel*, *Puerta* y *Sótano*.

Castillo

El castillo es un símbolo derivado de los elementos *Casa* y *Colina*. En general, soñar con un castillo evidencia el deseo de aislarse en el interior de sus fuertes paredes.

Si vemos el castillo desde el exterior, significa que aún te queda camino por recorrer. Finalmente, si sueñas que vives en su interior, augura riqueza material o espiritual en breve.

Catástrofe

Las catástrofes simbolizan el ciclo vital de la muerte y la resurrección y auguran un cambio en tu vida. El contexto del sueño revelará si dicho cambio será positivo o negativo.

Cuanto más violenta sea la catástrofe, más importante será el proceso de renovación.

Caverna

Consulta la entrada *Cueva*.

Caza

Soñar con una cacería manifiesta una necesidad de búsqueda. Sin embargo, también suele aparecer en momentos de tensión y de cansancio, así que puede aconsejar que recibas las cosas con mayor calma y que no tomes decisiones de forma precipitada. Es un sueño muy frecuente en la adolescencia, ya que refleja la inquietud y ansias de aventuras propios de la edad.

Cementerio

Este tipo de sueño, además del temor de la muerte, implica que estamos atravesando un periodo de dudas y de inseguridad.

Consulta *Muerte* y *Tumba*.

Cerradura

La cerradura indica que te encuentras ante un problema, un cambio de situación o un dilema.

Si puedes abrirla y seguir adelante, significa que lograrás superarlo. Si no logras abrirla, tus esfuerzos serán en vano. Si fuerzas la cerradura, significa que quieres conseguir tu propósito sin reparar en los medios.

Consulta también las entradas de *Llave* y *Puerta*.

Chimenea

Soñar con una chimenea con el fuego encendido anuncia bienestar, sobre todo de la vida familiar o afectiva. Pero si está llena de carbón y de hollín, augura dificultades financieras.

Consulta también el significado general de *Fuego*.

Chocolate

Si no es que estás muertita de ganas de comerlo, soñar con chocolate representa la satisfacción, el bienestar. De este modo, si te ves comiéndolo, es signo de tranquilidad, de placer, alegría y distensión.

Los bombones son símbolo de esos pequeños placeres que te permites.

Cielo

El cielo simboliza tus aspiraciones y deseos, tanto en un plano material como espiritual.

Soñar con un cielo azul augura alegría y prosperidad espiritual e implica paz, tranquilidad, descanso.

Si sueñas que llegas al cielo, significa que has alcanzado tus metas más íntimas. Si caes del mismo, bueno, refleja que encontrarás muchos obstáculos.

Ciervo

Está relacionado con el simbolismo del árbol de la vida por su cornamenta. En Asia y la América precolombina simbolizaba la renovación y los ciclos de la naturaleza. En la Edad Media se lo representaba con la cruz en su cornamenta y era considerado símbolo de la soledad así como de la elevación espiritual. Entre los celtas era un animal sagrado relacionado con Cernunnos (dios de la

abundancia y, a su vez, también cazador y presa).

Soñar con un ciervo augura éxito personal y profesional y el reconocimiento de las personas que nos rodean. Si lo que ves es la cornamenta, se asocia con las ganancias materiales, sobre todo debido a una herencia.

Cine

Puede indicar que estás viviendo una situación que no refleja la realidad. Sin embargo, consulta la entrada *Película*.

Círculo

El círculo o disco simboliza el movimiento, lo absoluto, el yo. El círculo es la figura geométrica más simple en la que todos sus puntos se encuentran a la misma distancia del centro, siendo considerada símbolo del equilibrio y el orden.

Esta figura es, con frecuencia, un emblema solar. En los documentos de la Antigüedad, se representaba el sol mediante un círculo rodeado de rayos. Por otra parte, también se encuentra en numerosos objetos prehistóricos como una circunferencia (emblema del mundo) en cuyo centro hay un punto (símbolo del principio).

De forma similar, un punto rodeado por círculos concéntricos simbolizaría los diferentes grados de la existencia. Así, entre los celtas, encontramos los tres círculos y en la tradición hindú, los tres mundos.

En sueños, el círculo simboliza la perfección, la creatividad y la imaginación. Soñar que estás dentro de uno y que te diriges a su centro revela un deseo de perfección y protección. Si el círculo es de fuego, el éxito está asegurado.

Coche

Consulta también *Automóvil*.

Cocinar

La cocina representa la alimentación y los recursos de la persona que sueña, por ello, si está bien provista, significa que tus objetivos se cumplirán a corto plazo. Si sueñas que la comida se quema, es que aún no estás preparada para triunfar en la vida.

Consulta también *Alimentos* y *Casa*.

Colgado

Duodécimo Arcano Mayor del tarot tradicional, representada por un hombre o juglar suspendido de un pie de una cuerda, anudada a un travesaño entre dos árboles deshojados y con los brazos atados. En sueños, ver esta carta señala que atraviesas por un momento difícil y te insta a reservar energías para momentos mejores.

Puedes consultar también la entrada *Tarot*.

Colina

Soñar que subes una colina presagia éxito; en cambio, si caes rodando antes de alcanzar la cima, es señal de que no lograrás cumplir tus objetivos.

Si sueñas que estás en la cima, significa que muy pronto alcanzarás tus metas. Si estás recostada en la ladera, significa que necesitarás el apoyo de un amigo para conseguirlo.

Consulta también *Escalar*.

Colmena

Consulta la entrada *Abejas*.

Comer

Si el sueño no se debe a causas puramente biológicas, el hambre revela una insatisfacción de orden psíquico, intelectual, emocional, afectivo, profesional o social.

La interpretación en este caso dependerá de lo que nos digan los detalles. Por ejemplo, soñar que comes o engulles algo que no te gusta sin masticar indica que estás ante una situación desagradable que no quieres aceptar.

Comer alimentos implica adquirir las cualidades esenciales de lo que ingieres.

Consulta también *Alimentos* y *Banquete*.

Compras

Soñar que vas de *shopping* es un sueño muy positivo, ya que augura un periodo de beneficios materiales. Sin embargo, si compras compulsivamente, significa que tienes carencias que pretendes ocultar.

Consulta *Ropa*.

Copa

El símbolo de la copa se remonta a la Antigüedad, al Santo Grial, y forma parte del inconsciente colectivo. Simboliza la sangre, el corazón humano y, como tal, el amor, el destino y la vida. Por ello, brindar con una persona representa el deseo de compartir amor y felicidad.

Beber de la misma copa simboliza la unión, mientras que romperla significa ruptura.

Puedes consultar también *Agua* y *Beber*.

Corazón

Tradicionalmente, el corazón simboliza el amor y la felicidad, el valor y los sentimientos, el reconocimiento y la voluntad. Se considera, además, el centro de la inteligencia, la iluminación y la felicidad. En los sueños, según sea su aspecto, así serán tus relaciones afectivas.

Corona

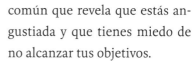

Las coronas simbolizan el rango, la dignidad, la superación, la realeza, los honores.

Si te coronan en el sueño, indica triunfo y superación. Si se trata de una corona de flores, augura placer; si es de azahar, matrimonio; de hiedra, amistad; de laurel, triunfo; de oro, dignidad; de olivo, sabiduría, y de espinas, sacrificio.

Consulta también *Oro* y *Rey o reina*.

Correr

Soñar que corremos sin alcanzar la meta es un sueño muy común que revela que estás angustiada y que tienes miedo de no alcanzar tus objetivos.

No obstante, si la sensación es agradable y te ves haciendo *running* de forma placentera, el sueño augura éxito y riqueza.

Cortar

Si en el sueño cortas a otra persona, significa que deseas poner fin a la amistad o a los lazos que te unen a ella, que quieres cortar con ella de forma simbólica.

Si lo que sueñas es que te cortas a ti misma, simboliza un deseo de poner fin a una situación insostenible.

Crecer

Si sueñas que un objeto, planta, animal o persona crece repentinamente, significa un aumento de valor de su propio significado. Si eres tú misma la que crece, augura que tu situación actual mejorará.

Si el sentimiento que rodea el sueño es de amenaza, significa que la persona u objeto que crece se opondrá en tu avance.

Cristal

El cristal, como las piedras preciosas, representa el espíritu y el intelecto, pero también, por su transparencia, la sinceridad. Así, soñar con un cristal transparente significa que nuestro espíritu es claro y limpio.

Cruz

La cruz es un símbolo universal que aparece en casi todas las culturas, cuyo origen geométrico resulta de la unión de la línea vertical y la horizontal o en dos diámetros de una circunferencia cortada perpendicularmente.

En general, la cruz simboliza la unión del cielo y la tierra, del consciente y el subconsciente, de la vida y la muerte, así como el reconocimiento de los aspectos oscuros de uno mismo y la superación de la propia estructura instintiva. Este cruce de caminos entre lo vertical y lo horizontal define los cuatro puntos cardinales.

En los sueños, indica la capacidad de trabajar por una misma, el esfuerzo para generar tu propio destino. Augura la resolución de problemas, enfermedades y conflictos.

Cuadrado

Según Jung, el círculo simboliza los procesos de la naturaleza o del cosmos como un todo, mientras que el cuadrado implica el universo concebido y percibido por el ser humano. El círculo representa el consciente y el subconsciente, mientras que el cuadrado se encuentra ligado a los aspectos racionales del consciente.

Por ello, esta figura simboliza estabilidad, equilibrio, capacidad de razonar; la transformación del espíritu en materia.

Cuadro

Los cuadros simbolizan nuestra imaginación, por tanto, lo que veas en ellos expresa tus proyectos y la percepción que tienes del mundo. Si te ves contemplando uno largamente, puede significar que deseas huir de la realidad.

Cuerda

Una cuerda que cuelga de arriba pone de manifiesto el deseo de elevarse espiritualmente o de ascender social o profesionalmente.

Sin embargo, si la cuerda te ata y te aprieta, significa que tienes miedo a enfrentarte a los problemas. Asimismo, atar objetos o a personas indica sentimientos reprimidos. En este sentido, consulta el significado de la entrada *Cadena*.

Cuerpo

Ver tu cuerpo sano augura beneficios y una buena salud física. Si lo ves enfermo, ten cuidado, ya que puede augurar preocupaciones o pérdidas económicas.

Si sueñas que tu cuerpo está manchado, significa que tienes problemas, ya sean de índole moral o económica. Si lo ves hinchado, aumentarán tus recursos, pero si está muy delgado, augura enfermedades o pérdidas económicas.

Si te ves en dos lugares a la vez, puede ser señal de que mantienes una relación afectiva con dos personas. Por último, un cuerpo dividido en dos indica separación de bienes materiales.

Cueva

Las cuevas representan el inconsciente, nuestro mundo subjetivo, las experiencias y conocimientos acumulados que nos permiten alcanzar la madurez. Por ello, es un sueño muy frecuente en la infancia y en la adolescencia. Lo que suceda en el interior revelará qué aspectos de tu ser están madurando.

Las cuevas también hablan de protección y puede ser el lugar en el que te refugias para pensar y desarrollar tus ideas.

Consulta también *Sótano*.

Cumpleaños

Para los más jóvenes significa el deseo de entrar en el mundo adulto, mientras que para los adultos puede ser un símbolo del miedo a envejecer.

Sin embargo, si en el sueño lo que prima es la celebración en sí, augura el reencuentro con familiares, en cuyo caso consulta la entrada *Banquete*.

Cuna

La cuna se relaciona con las ganas de regresar a la seguridad de la infancia.

Una cuna vacía refleja nostalgia, inseguridad e insatisfacción con una misma. En cambio, si tiene un bebé, es signo de felicidad y augura que alcanzarás tus objetivos. Y si en vez de uno hay varios, significa que tus bienes aumentarán día a día.

Consulta la entrada *Bebé*.

Dados

Representan el azar. Si te infunden un estado de ánimo positivo, debes confiar en la suerte o en el destino; si te producen angustia, significa que no debes dejarte arrastrar por un acontecimiento. Si logras visualizar algún número, consulta su significado al principio de este libro, ya que matizará las circunstancias en las que se desarrolla ese acontecimiento.

Danza

Por su ritmo, la danza simboliza la creación y, por ello, se la consideraba sagrada y mágica. En los sueños, augura alegría y celebración.

Suele ir acompañada de música y suele dejar una sensación agradable, de paz y alegría, tanto si somos nosotras las que danzamos como si somos espectadoras.

Consulta la entrada *Baile*.

Dedos

Los dedos, en los sueños, suelen relacionarse con la comunicación. Soñar con unos dedos amenazadores quiere decir que tus palabras pueden ser demasiado agresivas y que puedes herir a los demás. En cambio, si están acariciando, significa que tus argumentos seducirán y convencerán incluso a tus adversarios.

Si alguien nos acusa con el dedo, significa que no estás satisfecha con tu conducta.

Deformidad

Un miembro deforme refleja un sentimiento de atracción o repulsión hacia algún aspecto de ti misma. Por ello, si te ves deforme, es importante que te fijes en qué parte destaca, ya que te dará más pistas sobre el aspecto personal que debes revisar.

Esto también es aplicable a los sueños en los que ves a otras personas deformadas.

Consulta *Crecer*.

Delfín

Encarna la alegría, la rapidez, la sinceridad y el amor desinteresado. Soñar con delfines augura que pronto alcanzarás tu meta, ya sea espiritual o material, por lo que es un sueño de lo más positivo.

Si en el sueño nadas con delfines, saltas y disfrutas con ellos, significa que tienes necesidad de relacionarte con tus seres queridos.

Dentista

Es muy frecuente soñar con los dientes. En concreto, soñar que tienes una visita con el dentista se puede convertir en una auténtica pesadilla, en cuyo caso revela tu miedo al dolor o al sufrimiento. Si la visi-

ta es agradable, puede augurar dudas sobre la sinceridad de alguien cercano.

Consulta también las entradas *Boca* y *Dientes*.

Deporte

Practicar algún deporte en sueños significa que estás preparada, que estás lista para pasar a la acción. Consulta el deporte en concreto para tener más pistas sobre su significado. Por ejemplo, no es lo mismo la natación, que se relaciona con el agua, que el ciclismo, que se relaciona con la bicicleta. (Revisa las entradas *Agua* y *Bicicleta*).

En general, simboliza que es importante que te centres en tus metas y objetivos, ya que es el momento adecuado para que estos se cumplan.

Desierto

Soñar que estás perdida en el desierto revela soledad y falta de motivación. Si lo atraviesas completamente sola y sin agua, indica que estás pasando por un momento de gran necesidad.

El color, la luz y el aire características del desierto simbolizan tus pensamientos. Por ello, si te llena de paz y belleza, puede revelar la necesidad de una búsqueda espiritual y el deseo de reflexionar a través de la meditación, de la contemplación de tus pensamientos.

Consulta *Aire, Amarillo* y *Arena*.

Desnudez

Este sueño tiene significados muy diferentes según el contexto, por lo que, como muchos otros sueños, debes analizar los sentimientos que te provoca.

De esta forma, si se experimenta la desnudez como vergüenza, revela angustia y estrés, normalmente causados por el miedo a la opinión que los demás tienen de nosotras.

En cambio, si en el sueño la vives con naturalidad e incluso sensualidad, expresa lo contrario: liberación y seguridad en ti misma.

Por supuesto, también puede ser un sueño relacionado con la sexualidad, en cuyo caso consulta la entrada *Sexo*.

Es un sueño muy típico de la adolescencia, motivado por la timidez propia de esta edad.

Despido

Este sueño puede producirse por el estrés de la jornada laboral, de forma que refleje tus temores. Si no viene provocado por eso, no siempre implica que te vayan a despedir, sino que atraviesas dificultades, siempre relacionadas con el mundo laboral.

Si eres tú la que despides a los demás, puede indicar un rechazo a aceptar la ayuda de otras personas.

Desván

El desván representa el inconsciente, el lugar donde se almacena todo el material que ya no se utiliza pero que está relacionado con nuestra historia, con nuestro pasado. Por ello, si aparece un desván en tus sueños, puedes interpretarlo como una vuelta a tus orígenes. Quizá puedas encontrar la solución a tus dudas en el pasado.

El desván puede ser también el lugar en el que habiten nuestros fantasmas internos, nuestras viejas heridas, por lo que se trata de un sueño recurrente en ciertas épocas.

Consulta también *Casa*, *Cueva* y *Sótano*.

Día

Soñar que es de día indica que dispones de mucha energía, inspiración, y que tus planes se van a realizar. Así, un día soleado augura que tus planes tendrán éxito, mientras que si está nublado, señala posibles contratiempos.

Si el día comienza, simboliza el inicio de un nuevo ciclo. Si el día ya está más avanzado, indica que la actividad es intensa y que estás trabajando en tus propósitos. Si llega a su fin, anuncia también el fin de un ciclo.

Consulta *Luz*, *Sol* y también su contraposición, la *Noche*.

Diablo

El diablo simboliza los miedos irracionales y los remordimientos. También representa los deseos reprimidos y nuestra curiosidad innata. Sin embargo,

es un símbolo muy difícil de interpretar y variará con el contexto del sueño.

Si sientes angustia, su aparición puede significar que algo te atormenta. Por el contrario, aunque en un principio parezca un sueño positivo, te advierte que debes tener en cuenta lo que estás a punto de dejar a cambio de alcanzar el éxito.

Si sueñas con el decimoquinto Arcano del tarot, no es la mejor de las señales, ya que este se relaciona con ruina, fracaso, violencia, incapacidad para fijar las metas o falta de principios. Consulta también *Tarot*.

Diamante

Los diamantes simbolizan la luz, el poder y la riqueza. En

la Antigüedad, los griegos los llamaban «el invencible» (adamas) por su dureza y brillo. Se les atribuía un poder mágico tan grande que incluso se consideraba que atraían al hierro. Entre los indios de América, se empleaban para combatir la mayoría de las enfermedades, calmar el dolor y fortalecer el cuerpo en forma de polvo o de elixir.

Soñar con diamantes augura prosperidad y éxito, fruto de tu esfuerzo y constancia. Si te regalan uno, anuncia una situación nueva que te brindará grandes beneficios.

Si el diamante está engarzado en un anillo, augura que nuestros sentimientos serán correspondidos y tiene relación con la *Alianza*.

Y si el sueño ya es bueno, soñar que estás rodeada de diamantes significa que te lloverán oportunidades para pulirte y relucir. Te caerán tantas que te costará decidirte entre ellas.

Dibujo

Los dibujos son nuestros planes o proyectos. Por ello, cuanto mayor sea el grado de belleza y precisión, mayores serán las posibilidades de éxito.

Dientes

Es uno de los sueños más frecuentes en todas sus vertientes, aunque suele aparecer en épocas de estrés o dificultades.

Soñar que se te cae algún diente es signo de temor e inseguridad, en todo caso, de miedo a la pérdida y al fracaso. Si se caen todos los dientes, simboliza un fuerte temor a envejecer.

Según otras brujitas, puede augurar pérdidas económicas, abandono familiar o un fracaso amoroso.

Si sueñas que enseñas los dientes, en cambio, significa que estás preparada para enfrentarte a todos tus problemas.

Dificultades

Soñar con dificultades es un buen presagio, pues significa que alcanzaremos el éxito mediante el esfuerzo y la superación personal.

Si el sentimiento general es de angustia, consulta *Barreras*.

Dinero

El dinero, muy lejos de lo que se pueda pensar, no simboliza las riquezas materiales, sino nuestros recursos internos, nuestros valores. Por ello, puede indicar todo lo que deseamos íntimamente, aunque lo reprimamos. También puede representar la seguridad.

Si, por ejemplo, sueñas que ganas un dinero extra, indica que tienes a tu alcance toda una serie de recursos que se mostrarán en breve.

Si encuentras dinero, indica ansia por tenerlo. En cambio, si lo pierdes, indica miedo a perder algo querido.

Si sueñas que alguien conocido te roba el dinero, significa que has exagerado tus sentimientos hacia esa persona.

Si en el sueño estás en un banco o aparece uno, consulta *Banca*.

Disfraz

Los disfraces en sueños ocultan nuestros sentimientos o emociones. Quizá no te guste algún aspecto de tu realidad y deseas cambiarla.

Si en el sueño son otros los que van disfrazados, es conveniente que intentes reconocerlos, ya que puede significar que te están ocultando cosas.

Consulta también la entrada *Actor o actriz*.

Divorcio

Este sueño revela que hay una división entre la mente y el corazón. Te invita a poner en orden tus sentimientos.

Si es un sueño repetitivo, puede indicar que atraviesas un momento de crisis en la pareja y que, de una forma u otra, necesitas que la situación cambie.

Dragón

El dragón es un animal mítico, un símbolo universal que se encuentra presente en la mayoría de los pueblos de todo el mundo. Puede simbolizar sabiduría, ser el guardián de tesoros míticos, representar el espíritu de las tormentas o personificar el mal (siendo entonces considerado como un enemigo primordial, un genio maligno).

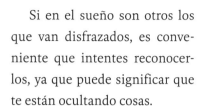

Desde la Edad Media, se suele representar como un animal con patas de águila, cuerpo de serpiente, alas de murciélago y cola terminada en dardo.

En China es un ser benéfico, portador de felicidad, fertilidad y armonía, es expresión de las fuerzas de la naturaleza y está relacionado con el trueno, la lluvia, el viento y el principio masculino yan.

En los sueños, el dragón es un resumen de todos los animales peligrosos, tanto reales como fantásticos. Por ello, es el enemigo primordial y luchar contra él representa nuestro esfuerzo por superarnos y alcanzar nuestras metas vitales.

Como aparece en muchos cuentos y leyendas infantiles, es

un sueño recurrente durante la infancia.

Eclipse

Durante un eclipse desaparece la luz, por lo que suele ser augurio de problemas y dificultades, que serán mayores si se trata de un eclipse de Sol en vez de Luna. Sin embargo, según el contexto del sueño, también puede simbolizar el final de un ciclo y el principio de otro.

Si prima el final del eclipse, es decir, cuando el astro vuelve a aparecer en el cielo, augura una recuperación próxima de estas dificultades.

Consulta también *Luna* y *Sol*.

Edad

Si en el sueño te ves con menos edad de la que tienes, simboliza una necesidad de volver al pasado, mientras que soñar que tienes más implica el deseo de adelantarte a los acontecimientos. Sin embargo, verte envejecida y con arrugas puede indicar un miedo a envejecer.

Consulta también *Ancianos* y *Cumpleaños*.

Edificio

En general, tiene el mismo simbolismo que *Casa* y, según sea su estado en tus sueños, simbolizará una cosa u otra. Así, un edificio en ruinas indicará que algo está provocando que tus ideas o sentimientos se tambaleen. Revisa tus planes. Un edificio en llamas simboliza que necesitas huir de una situación problemática.

Si en el sueño te ves construyendo edificios, ¡felicidades!, indica que tienes mucha seguridad en lo que estás haciendo.

Ejército

Simboliza a nuestros colaboradores o amigos. Dependiendo del aspecto que ofrezca, sabrás hasta qué punto puedes confiar en ellos.

Otro significado diferente es el de ver a varios ejércitos luchando. La violencia y las batallas, en los sueños, denotan problemas

y discordias con los demás, aunque también pueden ser producto del estrés o la tensión de tu vida diaria.

Consulta también *Guerra*.

Elefante

Los elefantes son el símbolo por excelencia de la fuerza, la longevidad y la memoria. No en vano existe el dicho de tener memoria de elefante. Por eso, suelen ser signos positivos en nuestros sueños y auguran éxito y cumplimiento de nuestras metas.

Sin embargo, si el elefante, grande como es se presenta enfurecido, es señal de mal presagio: pronto recibirás una mala noticia.

Embarazo

Soñar que estás embarazada tiene el significado general de tener ganas de crear y de que tus proyectos se lleven a término y sugiere que tengas paciencia con tus planes, ya que, aunque tarden, se cumplirán.

Si no estás embarazada en la vida real, soñar con estarlo

indica un deseo de transformación, de modificar tu vida cotidiana.

Embriaguez

Soñar que has bebido demasiado puede revelar que estás intentando anestesiar el dolor o los problemas en vez de enfrentarte a ellos. También puede indicar la necesidad de expresar algo que te cuesta reconocer. Escucha el mensaje que te pueda dar el personaje de tus sueños que esté ebrio.

Consulta también *Beber*.

Emperador

Cuarto Arcano Mayor del tarot tradicional. En su iconografía aparece un hombre sentado en un trono que es un cubo de oro sobre el que descansa un águila negra. En la mano derecha sostiene un cetro rematado por una flor de lis y en la izquierda, un globo terráqueo. Soñar con esta carta simboliza poder, rigor, confianza, influencia masculina y consecución de las metas. Consulta también *Tarot*.

Emperatriz

Tercer Arcano Mayor del tarot, en el que se representa una mujer de frente, enmarcada por cabellos rubios y sentada en un trono. Lleva en su mano un cetro rematado con una flor de lis, un escudo con un águila de plata y una corona en la cabeza. Soñar con esta carta augura amor, fecundidad o riqueza, equilibrio e intuición. Consulta también la entrada *Tarot*.

Enamorados

Si en los sueños estás enamorada, puede reflejar la necesidad de alcanzar la felicidad, aunque tiene un componente de ceguera: solo ves los sentimientos en los que estás inmersa, no la realidad. Consulta también la entrada *Amor*.

Recordamos que este es el sexto Arcano Mayor en el tarot tradicional. En su parte superior aparece Cupido con un arco y flechas, mientras que en la parte inferior se encuentra un hombre entre dos mujeres. Soñar con esta carta simboliza confianza, optimismo y apasionamiento. Puedes consultar también la entrada *Tarot*.

Enemigo

Los enemigos suelen ser figuras desconocidas que surgen en nuestros sueños para representar nuestros miedos más profundos.

Soñar que los vencemos indica seguridad y confianza. Si solo hablamos con ellos, intentaremos solucionar las cosas de manera pacífica y reflexiva. Si el enemigo nos ataca y no combatimos, significa pasividad y conformismo.

Consulta también *Ejército* y *Guerra*.

Enfermedad

Si sueñas que estás enferma, suele significar en general que hay algún aspecto de tu vida que te inquieta o preocupa. No suele augurar enfermedades y puede deberse a un miedo a enfermar, una preocupación por la salud.

Soñar que alguien conocido está enfermo indica que existe una relación emocional con dicha persona.

Consulta también *Hospital y Quirófano*.

Entierro

Los entierros, si no son sueños provocados por un hecho real, simbolizan la muerte de algún aspecto de ti misma: hay algo que debes dejar atrás, aunque te cueste demasiado. Por eso muchas veces implican miedo a los cambios.

Si sueñas que asistes al tuyo, indica que pronto saldrás de una situación desagradable o en la que no estabas a gusto.

Soñar que te entierran viva puede ser una pesadilla muy angustiosa que, además, no tiene muy buen augurio. En este caso consulta también la entrada *Ahogarse* y *Tierra*.

Si te ves enterrando un objeto, analízalo con mayor detalle, pues te puede dar pistas de su significado. Reflexiona también sobre por qué lo estás enterrando, quizá lo quieras ocultar a ojos de los demás o proteger.

Consulta también *Cementerio*, *Funeral* y *Muerte*.

Equipaje

Simboliza los cambios y lo que consideramos imprescindible para desenvolvernos en la vida. Es todo lo que has ido acumulando en tu vida.

Perder el equipaje, si es angustioso, evidencia el temor a no realizar nuestros proyectos. Si, en cambio, pierdes el equipaje pero lo solucionas o no te angustias, significa que estás lista para enfrentarte a situaciones que antes te afectaban profundamente.

Si es demasiado pesado y te cuesta arrastrarlo, indica que necesitas soltar lastre, sea en un nivel material o mental.

Si lo dejas de forma voluntaria, significa que necesitas sentirte libre y desprenderte de cosas.

Ermitaño

Si el ermitaño se encuentra en un ambiente soleado y tranquilo, el sueño augura trabajo paciente y adquisición de conocimientos. Por el contrario, si aparece en un ambiente nocturno y tenebroso, anuncia un trabajo pesado e ingrato.

Si te ves convertida en una ermitaña, denota cansancio ante la situación en la que te encuentras.

Da nombre al noveno Arcano Mayor del tarot tradicional representado como un anciano en cuya mano derecha lleva una linterna y en la izquierda, un bastón. Soñar con esta carta simboliza sabiduría, prudencia, tradición, reserva, estudio y trabajo profundo y paciente. Consulta también la entrada *Tarot*.

Escalar

En general, representa los problemas que tendrás que superar en un futuro inmediato. La dureza de la escalada indica el grado de dificultad con el que nos enfrentamos.

Si alcanzas la cima, augura buena suerte: a pesar del esfuerzo requerido, alcanzarás tus objetivos.

Escalar montañas indica además ansias de libertad, de encontrar nuevos entornos. Consulta la entrada *Montaña*.

Ver también *Bajar* y *Colina*.

Escalera

Como con otros sueños, debes analizar su forma, tamaño y materiales. En general, cuanto más ancha sea y mejor aspecto tenga, mejor será el pronóstico del sueño.

Si sueñas que subes una escalera, significa que gracias a tu esfuerzo alcanzarás el éxito, sobre todo en un ámbito profesional.

Si son escaleras mecánicas, ¡enhorabuena!, significa que las perspectivas de éxito son inmejorables y que, además, contarás con la ayuda de alguien.

Si las bajas, suele indicar dificultades y el sueño nos advierte que seas muy prudente en tus gestiones. En este caso, consulta la entrada *Bajar* o incluso *Caer*.

Si los peldaños están rotos, simbolizan obstáculos en nuestro ascenso y si la escalera es de caracol (tanto si la bajas como si la subes), indica que surgirán trabas que te dificultarán mucho el ascenso.

Escaparate

En general, todo lo que vemos a través del cristal son cosas que deseamos pero que no hemos conseguido alcanzar. Analiza todos los objetos que recuerdes por separado y fíjate bien si la sensación del sueño es positiva o negativa.

Escarabajo

El escarabajo fue muy venerado por los antiguos egipcios. Bajo el nombre de Khepri se consideraba un emblema del disco solar. En su comportamiento se podía ver, de forma simbólica, tanto el recorrido del sol como el del hombre, pues al igual que el escarabajo pelotero empuja una bola de estiércol, también el dios solar Khepri hace rodar el sol por el cielo. La imagen de los escarabajos se empleó como amuleto y acompañó al difunto como símbolo de una vida nueva.

En sueños, sobre todo si lo ves solo y destaca, simboliza el sol y todo lo cíclico, así como la consecución de tus metas.

Pero si en el sueño sientes repugnancia o angustia, consulta la entrada *Insectos*.

Escenario

Si ves un escenario en sueños, debes distinguir si en él se va a representar una obra de teatro o de danza. En este caso, consulta *Teatro* y *Danza* o *Baile*.

Si te ves a ti misma sobre el escenario y la sensación es de angustia, implica temor a hablar en público, falta de seguridad.

Si eres espectadora y ves a personas conocidas o de tu familia actuar sobre el escenario, analiza la sensación que te produce. Si es positiva, significa que te alegras de los éxitos ajenos. Si son tus hijos, indica que estás muy satisfecha con tu relación familiar. Pero si la sensación es negativa, puede indicar que tienes envidia o que crees que, de una forma u otra, están actuando en la vida real.

Escoba

El acto de barrer implica un deseo de purificación en el trabajo, en las relaciones o en una misma. Invita a afrontar los problemas y buscar soluciones.

En cambio, si te ves subida a ella implica un deseo de evadir-te de tus tareas, de tu realidad. Consulta también *Bruja*.

Escorpión

El escorpión no es de buen agüero, ya que en muchos países su picadura es mortal. Por eso, universalmente simboliza las traiciones y engaños.

Soñar con una picadura de un escorpión es una advertencia de que tenemos un conflicto interno que nos está envenenando.

Escuela

Soñar que estás en la escuela o en el instituto significa que quizá te ha quedado alguna lección por aprender.

Si estás atravesando un momento difícil, este sueño puede indicar que quieres volver al inicio para buscar soluciones a tu problemática actual.

En cualquier caso, este sueño pone de relieve que hay algún aspecto de tu vida que requiere atención, por lo que es conveniente que analices con mayor detenimiento todos los detalles.

Consulta *Examen* y *Profesor*.

Escultura

Soñar que esculpimos una figura puede simbolizar el deseo de dirigir o educar a alguien, pero también que tienes una necesidad de cambio y que quieres remodelar algún aspecto del presente.

Verte convertida en estatua indica falta de vitalidad e iniciativa, así como dificultad para expresar tus sentimientos.

Espada

Refleja tus pensamientos más poderosos y simboliza tanto el valor para conseguir tus objetivos como el poder conseguido mediante esfuerzo y voluntad.

Blandirla o empuñarla augura éxito y poder, mientras que

llevarla ceñida a la cintura revela inseguridad a la hora de tomar decisiones.

Espalda

Simboliza la fuerza física y la resistencia, excepto si se encuentra curvada, en cuyo caso revela debilidad y que el peso de tus responsabilidades es excesivo.

Espejo

«Espejito, espejito, ¿quién es la más bella de este lugar?». Como en el cuento, los espejos suelen ser mágicos y capaces de reflejarnos a nosotras mismas, pero también nuestro pasado o incluso nuestro futuro.

Si ves tu imagen reflejada en el espejo de forma nítida, tal como eres, significa que tienes una buena imagen pública y un nombre popular.

Si lo que muestra es una imagen distorsionada que exagere tus defectos o virtudes, muestra cómo crees que te ven los demás. En ese caso consulta *Crecer* y *Deformidad*.

Si te ves en una habitación llena de espejos, como las de las

ferias, indica confusión y dificultad para tomar decisiones.

Los espejos rotos, desde siempre, han augurado problemas o desgracias.

Espinas

Las espinas tienen una doble vertiente de defensa de las plantas y de dificultades y obstáculos. Por ello no será lo mismo que las veas a que te pinches con ellas. Si se clavan en tu piel, augura dificultades y problemas, aunque si te sacas una espina que tienes clavada, implica la resolución de esos problemas.

Estaciones

Como la mítica estación de Harry Potter, las estaciones de tren simbolizan el inicio o la conclusión del viaje. Lo que suceda en ella reflejará lo que nos puede suceder en la vida: puedes verte despidiéndote de amigos, dejando atrás a personas, etc. Consulta también *Tren*.

Por otra parte, las cuatro estaciones del año, en general, simbolizan los viajes y las noticias.

Consulta las entradas *Invierno, Otoño, Primavera* y *Verano*.

Estatua

Consulta *Escultura*.

Estrella

Símbolo universal de lo espiritual o elevado, de libertad y elevación. La estrella, con este simbolismo, ha estado presente en gran número de emblemas de poder, escudos y banderas.

Las estrellas en nuestros sueños simbolizan los ideales y esperanzas. Soñar con ellas augura riqueza y felicidad. Consulta también la entrada *Noche*.

Decimoséptimo Arcano Mayor del tarot tradicional, representada por una doncella que, arrodillada junto a un estanque, vierte el contenido de dos jarras.

La primera, sostenida por su mano derecha, es de oro y de ella surge un líquido que renueva el agua estancada. La segunda, sostenida por su mano izquierda, es de plata y con ella esparce agua sobre la tierra árida, haciendo que crezca la vegetación. Soñar con esta carta simboliza la inspiración, el optimismo y una oportunidad prometedora. Nos habla de estar presentes tanto en el mundo espiritual como en el terrenal.

Examen

Normalmente implica la angustia del momento que estás viviendo y revela falta de confianza y dudas respecto a nuestra situación actual.

Si estás estudiando, manifiesta la preocupación real ante la proximidad de los exámenes. Si no es el caso, puede manifestar miedo ante alguna prueba actual a la que debes someterte.

Consulta *Escuela*.

Excrementos

Aunque pueda parecer lo contrario, los excrementos suelen asociarse a la buena suerte, al dinero y a la riqueza.

Como en la vida real, soñar que pisas una caca es símbolo de buena suerte. Por otra parte, soñar con estiércol o abono augura muy buena suerte y dinero.

Expareja

Soñar con tu ex señala una necesidad urgente de cambios, aunque también puede ser un recuerdo de la evolución que causó en tu vida.

En resumen, estate tranquila, que no tiene por qué significar que lo eches de menos.

Fábrica

Es un sueño muy común en periodos con preocupaciones laborales.

Ver una fábrica en plena ebullición significa que tienes mucha energía y entusiasmo, y augura que pronto conseguirás realizar ese proyecto que tanto deseas desde hace tiempo.

Soñar que trabajas en una fábrica indica que pronto habrá un incremento de tus recursos materiales, mientras que si sueñas que está vacía o abandonada, augura dificultades o incluso pérdida del trabajo.

Familia

La familia simboliza nuestra vida afectiva y nuestro lado más social, por lo que no siempre la familia de nuestros sueños será la misma que tenemos en nuestra vida real.

Suele representar un deseo de reunión, afecto y estabilidad y se suele presentar en épocas en las que nos sentimos especialmente solas.

Consulta también la entrada *Abuelos* y *Hermanos*.

Fantasma

Muchas veces este sueño viene acompañado de un sentimiento de angustia y temor, aunque, tranquila, no anuncia muerte ni nada por el estilo, sino incertidumbres en nuestra vida y desconfianza hacia personas de nuestro entorno.

Tradicionalmente se cree que soñar con un fantasma de sábana blanca augura salud y bienestar, pero si aparece con ropas negras, alguien nos intentará engañar.

Faro

Los faros iluminan el camino de los barcos para que no pierdan la orientación. Y con este simbolismo, anuncian la llegada de ayuda y auguran que recibiremos apoyo en nuestras iniciativas.

Consulta también *Luz*.

Fecha

Siempre hay que intentar recordar las fechas que aparecen en tus sueños, ya que suelen guardar relación con sucesos importantes, no tanto como anuncio de que vaya a suceder algo en el mundo real, sino como manifestación de lo que deseas.

Fiesta

Participar en una fiesta en la que está nuestra familia es de muy buen augurio, ya que indica que pronto recibiremos ayuda y celebraremos nuestros triunfos.

Si tú eres la anfitriona, implica que encontrarás los recursos necesarios para la resolución de tus problemas, además de que eres alguien en quien muchas personas confían.

Ver *Banquete* y *Cumpleaños*.

Flecha

Disparar una flecha revela precisión en tus acciones y proyectos. Aunque augura éxito, te advierte que aún debes esperar.

Soñar que no das en el blanco o que la flecha está torcida indica que las circunstancias no son las adecuadas. Por otra parte, si la flecha te hiere, indica que eres vulnerable; quizá deberías tomarte un tiempo para descansar.

Flor

Por su perfume, las flores constituyen un símbolo de la fugacidad de las cosas, de la primavera y de la belleza, aunque también son una imagen de la vida y del universo, pues surgen de la tierra oscura y brotan hacia el cielo.

Ahora bien, por su forma, las flores son una imagen del centro. Por ello, equivalen a otros símbolos, tales como el de la copa, la rueda (pues la apertura de los pétalos irradia en torno al centro) o el corazón.

Según su color, el sentido de cada flor se modifica o matiza. Así, el carácter solar se refuerza en las flores anaranjadas y amarillas; el parentesco con la vida animal, la sangre y la pasión en

las flores rojas; mientras que la flor azul simboliza lo imposible.

En general, soñar con flores augura el inicio de una nueva relación. No obstante, si están marchitas, se acercan desengaños y desilusiones.

Consulta también *Primavera* y *Ramo*.

Fotografías

Ver fotografías antiguas revela ataduras con el pasado y una actitud pesimista ante la vida. En cambio, retratar a una persona evidencia sentimientos hacia esta. Si te fotografían o si te haces selfis, el sueño equivaldrá al *Espejo*.

Frío

Si el sueño es agradable, refleja un anhelo de soledad, aislamiento y elevación. En caso contrario, si lo que sientes es un frío extremo, indica falta de cariño y anuncia contratiempos.

Consulta *Hielo* e *Invierno*.

Fruta

En general, las frutas revelan un deseo o apetito, ya sea afecti-vo, sensual, económico o espiritual. Por lo tanto, augura abundancia, prosperidad y placer. No obstante, si la fruta estuviera ácida o verde, aún tardaremos en disfrutar de los bienes y si tiene gusanos o está podrida, alcanzaremos los placeres cuando ya no podamos disfrutarlos.

El significado se verá matizado según el tipo concreto de fruta que sea. Por ejemplo, comer fresas en los sueños augura el inicio de una relación afectiva. Sin embargo, si las vemos pero no las comemos, es señal de que reprimimos nuestros instintos y sentimientos.

Consulta también *Manzanas, Naranja* y *Uvas*.

Fuego

Tal como hemos comentado en la parte teórica del libro, soñar con fuego está vinculado con la idea de renacer de una situación. Puede significar que debes reducir a cenizas un hábito o comportamiento con el que no estás de acuerdo y comenzar de nuevo con la experiencia adquirida. Asimismo, el fuego también purifica. Nos libra de aquello que nos es extraño y nos ayuda a convertirnos en una versión mejor de nosotras mismas.

Soñar con un fuego acogedor refleja nuestro deseo de tener un amor o amistad duradera y augura éxito, salud y felicidad. Sin embargo, un fuego que produce demasiado humo anuncia traiciones y problemas. Si las llamas te amenazan, es que temes enfrentarte a un problema.

Avanzar entre las llamas sin quemarse indica firmeza y capacidad para superar los obstáculos, así como un ardiente deseo de alcanzar la verdad.

Consulta también *Hoguera*, *Quemaduras*, *Rojo* y *Vela*.

Fuente

Soñar con una fuente suele augurar satisfacciones, amor y, en general, felicidad. El aspecto que ofrezcan sus aguas revela el estado de nuestras relaciones afectivas. Si bebemos de una fuente clara, indica que saciaremos nuestras necesidades físicas, espirituales o afectivas y acabaremos logrando el éxito. En cambio, si la fuente está seca o sus aguas están turbias, es señal de que nuestro amor se está marchitando.

Consulta también las entradas *Agua* y *Beber*.

Fuerza

La fuerza simboliza tu capacidad para llevar a cabo proyectos y anuncia el logro del éxito sin aparente esfuerzo.

Undécimo Arcano Mayor del tarot marsellés. Aparece representada por una reina que, sin esfuerzo aparente, abre con sus manos las mandíbulas de un león, aunque también se representa mediante la imagen de una mujer sentada con una flecha rota en las manos. En sueños, esta carta significa el triunfo de la inteligencia, la convicción y la determinación. Consulta la entrada *Tarot*.

Funeral

Simboliza el renacimiento, pues todo final da origen a un nuevo inicio. Hay algo que dejas atrás. Augura la superación del dolor y te insta a confiar en un futuro en el que resurgirás con mayor fuerza. Aunque sea un sueño triste que puede provocarte desasosiego, se trata de un mensaje muy positivo.

Ver *Cementerio* y *Muerte*.

Gafas

Si no las necesitas en la realidad, soñar que llevas gafas graduadas señala que tu visión de la realidad es incorrecta. Si son gafas oscuras, significa que estás intentando evadirte de los problemas.

Para más detalles, analiza el color de la montura o de los cristales y consulta también *Ojos*.

Gallina

La presencia de varias gallinas en nuestros sueños presagia malas intenciones y rumores a nuestras espaldas. Si lo que sueñas es con un gallinero, representa confusión, griterío y falta de entendimiento.

En cambio, si la gallina pone un huevo, obtendremos pequeños beneficios en breve.

Gallo

El gallo anuncia el amanecer, por lo que es un símbolo solar de renacer. Por esta razón, soñar que canta un gallo augura buenas noticias y el inicio de una nueva etapa en nuestra vida. En cambio, si el gallo nos ataca o lo vemos pelearse con otro gallo, tendremos problemas con nuestros seres queridos.

Garaje

Los garajes protegen algo muy necesario: el *Automóvil* (consulta esa entrada). Soñar que sales del garaje anuncia nuevas posibilidades. Si te pierdes en un aparcamiento, en cambio, significa que todavía necesitas tiempo para desarrollar tus proyectos personales.

Gato

Los gatos están asociados con lo femenino, misterioso y mágico, así como con la libertad y la independencia, y han sido muy venerados desde la Antigüedad.

En general, soñar con un gato nos advierte que debemos ser muy prudentes, ya que nos acechan la traición y el engaño.

Soñar que un gato busca nuestras caricias augura que alguien nos intentará seducir. Pero si nos araña, debemos esperar envidias profesionales.

Si te ves en sueños acariciando a un gatito recién nacido, puede ser señal de que vas a iniciar un nuevo proyecto o una nueva relación.

Gemas

Soñar con gemas es de lo más positivo y augura éxitos, buena suerte. Incluso si las pierdes en sueños, augura pérdidas que serás capaz de superar.

Consulta *Diamante* y *Joyas*.

Gigante

Un gigante bondadoso refleja los aspectos positivos de tu personalidad y que dispones de muchos recursos para afrontar los problemas. Por el contrario, si el gigante te aterroriza, significa que tienes una visión un tanto desproporcionada de estos problemas.

Por último, si el gigante es un ser querido, el sueño revela tu amor y admiración por esa persona.

Globo

La presencia de un globo terráqueo en tus sueños anuncia viajes en breve.

Si es un globo aerostático, el sueño revela una posible falta de constancia en tus pensamientos y deseos. Si vuelas en globo, significa que estás atravesando un

buen momento personal, pero que no deberías apartar los pies de la realidad a riesgo de construir castillos en el aire.

Golpe

Los golpes simbolizan las contrariedades que soportaremos o que causaremos a los demás. Soñar que te golpeas contra algo indica que tus actos e ideas son incoherentes. Si te golpea otra persona, significa que alguien está poniendo trabas en tu camino.

Granja

Simboliza nuestros negocios y bienes. Si paseamos y descansamos en ella, sin apenas trabajar, quiere decir que tenemos buena salud. Sin embargo, consulta la entrada *Animales*.

Grieta

Las grietas afectan a la estructura de nuestros cimientos, ya sea mental o física.

Este sueño anuncia la llegada de pérdidas económicas y un desequilibrio interno. Deberías revisar tus propósitos, princi-

pios o sentimientos, ya que no estás siendo consecuente contigo misma.

Puedes consultar también *Casa* y *Enfermedad*.

Gris

Revela un estado de angustia, miedo, abatimiento y dolor. Revisa el significado de *Negro*.

Una niebla grisácea simboliza el inconsciente y todos los sentimientos reprimidos o aspectos ocultos que se resisten a salir a la luz.

Gritar

Oír gritar en sueños es una advertencia de que corres peligro y que el mensaje que te están transmitiendo es importante. Si quieres gritar, pero no te sale la voz, el peligro será grave y personal. Ver *Voz*.

Guantes

Los guantes simbolizan protección, ya que protegen las manos. Por ello, indican que estás intentando cubrir o proteger tus sentimientos o cualidades. Consulta la entrada *Mano*.

Tradicionalmente, se considera que: los guantes blancos indican pureza de sentimientos; si están en mal estado, anuncian contrariedades; si caen al suelo, disputas; si los perdemos, nos llegará una buena oportunidad pero la dejaremos escapar y si solo llevas uno, deberías ser prudente a la hora de tomar decisiones.

Guerra

Este sueño puede simbolizar la inseguridad y el miedo que sientes ante los acontecimientos de la vida. También indica que debes prestar atención a tus conflictos internos.

Consulta también *Armas*, *Ejército* y *Enemigo*.

Gusano

Las orugas encarnan la capacidad de transformación y la elevación desde la tierra hasta el cielo, por ello este símbolo augura riquezas, ya sean económicas o espirituales.

Sin embargo, si son gusanos de la podredumbre, además de ser un sueño posiblemente angustioso, revela falta de sinceridad y honradez, ya sea de alguien cercano o de nosotras mismas.

Habitación

Representa tu cuerpo físico, así como tu estado íntimo. También puede reflejar cómo es tu propio refugio.

Por todo ello, una habitación agradable y acogedora augura bienestar y serenidad; pero si no tiene puertas ni ventanas, refleja aislamiento, falta de comunicación, miedo e inseguridad. Si está deteriorada o tiene goteras, puede reflejar una dificultad para asumir tu carácter.

Consulta *Casa*.

Hablar

Pronunciar largos discursos durante el sueño expresa la necesidad de entablar comunicación con nosotras mismas. Si no entiendes las palabras, significa que te has distanciado excesivamente de los demás.

Otra cosa es hablar mientras estás dormida. Es fácil que suceda en momentos de estrés, en los que estás más inquieta de lo normal.

Consulta también *Boca*, *Gritar* y *Lengua*.

Hambre

Soñar que pasas hambre, si no se debe a una causa física, expresa insatisfacción con algún aspecto de tu vida o temor. Pero si en el sueño satisfaces tu hambre, significa que tus temores son infundados.

Consulta *Comer*.

Herencia

Soñar que recibimos una herencia es de lo más positivo y suele augurar que pronto verás recompensados todos tus esfuerzos y sacrificios. No suele ser un sueño premonitorio, sino un símbolo onírico.

Herida

Este sueño revela heridas psíquicas (en nuestro orgullo y dignidad) y el temor a que los demás las descubran. El sueño te aconseja que saques a la luz lo que te preocupa.

Si la herida sangra mucho o es una hemorragia, significa que estás sufriendo una pérdida de energías.

Hermanos

En los sueños, es común encontrar reflejado en los hermanos (aunque no los tengamos en realidad) todos aquellos rasgos o defectos que no aceptamos en nosotras mismas.

Si te sientes en paz con estos hermanos y el sueño es positivo, significa que estás satisfecha con tu actitud o tu situación actual.

Consulta también *Familia*.

Hielo

La presencia de hielo en nuestros sueños indica falta de entusiasmo y rigidez de sentimientos, así como bloqueos. También augura enfriamiento de las relaciones y pérdidas económicas. Cuando aparece en un sueño, le da un toque de dureza y pesimismo.

Puedes consultar también *Agua* y *Frío*.

Hierba

Soñar que estás tendida sobre la hierba revela la necesidad de recuperar el contacto contigo misma. Date un respiro de todo antes de volver a la carga.

Sentirla bajo tus pies augura el inicio de una relación afectiva muy positiva. En cambio, si aparece seca o marchita, indica que estás perdiendo las ilusiones o incluso el amor.

Consulta también *Jardín*.

Hoguera

Revela la necesidad de quemar los recuerdos, prejuicios y todo aquello que suponga un lastre para tu evolución. Su significado coincide con el de *Fuego*.

Hojas

Tradicionalmente, las hojas verdes auguran prosperidad, mientras que las que están secas o marchitas presagian problemas y enfermedades. Así, verte rodeada de hojas anuncia la resolución de algo que hace tiempo que esperas y quemarlas presagia renacimiento.

Hormigas

Las hormigas son el símbolo del trabajo en equipo y la previsión. Por ello, suelen expresar una necesidad de colaborar y presagian prosperidad. Sin embargo, soñar con una invasión de hormigas augura problemas graves. Consulta *Insectos*.

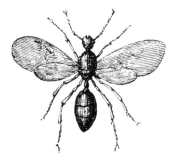

Hospital

Es siempre un sueño de advertencia. Suele reflejar nuestro temor a la enfermedad o al aislamiento, aunque también puede ser una advertencia para no proseguir con algún proyecto comenzado recientemente.

Si sueñas que estás enferma en un hospital, consulta la entrada *Enfermedad*.

Si en el sueño te curas y sales de él, augura tiempos felices y consecución de tus proyectos.

Hotel

Soñar que vives en un hotel revela el deseo de hacer una pausa en tu rutina y augura próximos viajes. Si te pierdes en su interior, significa que te sientes decepcionada e incomprendida.

Para un significado más general, consulta también la entrada *Casa*.

Huerto

En un nivel simbólico, el huerto encarna tus esfuerzos y retribuciones. Un huerto fértil y bien cuidado revela felicidad y energía. Por el contrario, si el huerto está seco o abandonado, significa que te cuesta asumir retos.

Huevos

Simbolizan la fecundidad, la renovación periódica de la naturaleza y la capacidad de realizar lo que te propones. Por ello, este sueño augura riqueza y prosperidad. No obstante, si los huevos están rotos, es señal de que tienes miedo a que tus proyectos o relaciones afectivas no lleguen a buen fin. Ver también *Gallina*.

Huir

Huir de un peligro augura la aparición de problemas, por lo que vas a necesitar toda tu energía para poder resolverlos sin quedarte paralizada. Si en el sueño intentas huir pero no consigues alejarte, implica que no estás preparada para enfrentarte a tus problemas.

Humo

Soñar que el humo nos impide ver o respirar revela un estado de confusión. Sin embargo, si en nuestros sueños aparece una columna blanca que se eleva hacia el cielo, significa que estamos evolucionando espiritualmente. Pero si la columna es negra, indica confusión de ideas.

Infidelidad

Soñar con ser infiel indica una pérdida de control en tu vida.

Si sueñas que alguien te es infiel, no significa que esté ocurriendo en la realidad, sino que quizá tienes miedo a que ocurra. Si sueñas que eres tú la que pone los cuernos, significa que, de una forma u otra, estás rompiendo los pactos que hiciste con los demás.

Insectos

Sueño desagradable donde los haya, los insectos indican pequeñas barreras o inconvenientes que surgen en nuestro camino. Si te atacan y no consigues defenderte, indica una incapacidad para enfrentarte a estos problemas.

Para más detalle del insecto en sí, consulta *Abejas*, *Avispas*, *Escarabajo*, *Escorpión* y *Hormigas*.

Inundación

Si sueñas con una inundación, significa que una emoción o sentimiento se ha desbordado. Consulta *Agua* y *Ahogarse*.

Invierno

Simboliza el aislamiento, la esterilidad, y te aconseja una etapa de reflexión y descanso. No actúes y medita sobre tu etapa actual.

Consulta *Frío* y *Hielo*.

Isla

Las islas son símbolo de seguridad y salvación, aunque también de aislamiento. Si huyes de alguien y te refugias en una isla, por ejemplo, indicará que temes enfrentarte a tus problemas.

Descubrir una isla tiene un significado muy diferente, ya que indica que estás a punto de iniciar un nuevo proyecto.

En ambos casos, suele ser un sueño muy frecuente en la adolescencia.

Jabalí

Simboliza un enemigo peligroso y te insta a tomarte las cosas con más calma, ya que quizá te estás dejando llevar por tus impulsos.

Consulta la entrada *Animales*.

Jardín

Suele simbolizar nuestro mundo interior, íntimo y personal. Por tanto, si está bien cuidado, expresa un estado de paz y armonía, mientras que si está abandonado, indica dejadez, despreocupación.

El jardín simboliza nuestros pensamientos, mientras que las flores que crecen en él son el resultado de estos.

Consulta *Flor* y *Hierba*.

Joyas

Son símbolo de sabiduría, conocimiento y verdad. Si son de oro, indican prestigio y triunfo en nuestros proyectos. Si son de plata, los beneficios serán más lentos, aunque igualmente seguros. Si soñamos que son falsas, nos alerta contra la vanidad y nos insta a desconfiar de las apariencias. Si están rotas, suele ser un augurio de problemas.

Juicio

Vernos en un juicio indica que tienes que revisar tu comportamiento o tus acciones. Si el sentimiento es de angustia, consulta la entrada *Examen*.

Vigésimo Arcano Mayor en el tarot tradicional. En la parte superior de la carta el ángel del Apocalipsis hace resonar su trompeta. Soñar con esta carta indica avance, renacimiento o renovación, iluminación y curación. Consulta también la entrada *Tarot*.

Justicia

Soñar con un juez o una jueza revela nuestro deseo de recibir ayuda. Consulta también *Juicio*.

Octavo Arcano Mayor del tarot marsellés. Se representa

mediante una mujer que sostiene con su mano izquierda la balanza y con la derecha, la espada. Este arcano se relaciona con el signo zodiacal de libra y simboliza la justicia interna. Soñar con esta carta augura armonía, equidad, consejo, firmeza y honor. Consulta la entrada *Tarot*.

Laberinto

El laberinto ha estado presente en todas las civilizaciones desde la prehistoria bajo diferentes significados, desde astronómicos hasta místicos. En los sueños, los laberintos simbolizan el inconsciente y evidencian tanto una falta de decisión como la tendencia a crear problemas innecesarios.

Suele presagiar dificultades, aunque si sabemos salir del mismo, implica que sabremos encontrar la solución a nuestros problemas.

Lago

Este sueño refleja el inconsciente y las emociones. Si su superficie está tranquila, indica que disfrutamos de equilibrio interior. Si sus aguas están turbias o agitadas, es señal de problemas afectivos. Si la vegetación cubre las orillas, indica riqueza interior, creatividad y satisfacción afectiva; pero si son áridas y pedregosas, revela desolación y pobreza de sentimientos.

Consulta la entrada *Agua*.

Lámpara

Las lámparas encarnan los estudios y el conocimiento. Si dan mucha luz, significa que estás aprovechando tu energía y creatividad. No obstante, si la luz es débil o vacilante, revela que puedes estar desaprovechando tus recursos.

Consulta la entrada *Luz*.

Lavar

Evidencia la necesidad de eliminar ciertos aspectos de nuestra personalidad. Si nos lavamos las manos, se trata de sentimientos de culpa.

Aun así, suele ser un sueño de buen augurio, ya que el agua transparente purifica. Consulta también *Agua*.

Leer

Leer en sueños refleja el deseo de conocer nuevos puntos de vista, así como los secretos, intenciones o pensamientos de los demás.

Soñar que lees augura que pronto recibirás noticias o alguna proposición. Es interesante por tanto recordar el contenido del texto para tener más información sobre dichas noticias.

Consulta *Biblioteca* y *Libro*.

Lengua

La lengua simboliza la comunicación. Si en el sueño aparece más larga de lo habitual, indica que puedes estar hablando demasiado; si alguien nos tira de ella, indiscreción; si nos la cortan, impotencia. Consulta también *Boca*, *Gritar* y *Hablar*.

León

El león es símbolo por excelencia de poder, nobleza, soberanía y, por su melena, está relacionado con el fuego. Verlo en sueños es un buen augurio.

Soñar con una familia de leones augura alegría y buenas relaciones familiares. Si el león está solo, augura que alguien poderoso nos protegerá. Si se deja acariciar o incluso si lo domesticas, significa que podrás controlar tus instintos y pasiones. Si te amenaza, serás víctima de tus propios instintos.

Libro

Los libros son símbolo de conocimiento, de magia, del pasado y de nuestro destino. Se suelen relacionar con los sentimientos, sobre todo los ocultos. Así, soñar con un libro cerrado revela la existencia de un secreto del pasado que prefieres mantener oculto. Si en el sueño aparecen muchos libros polvorientos, poblando el suelo o encima de una mesa, significa que debes buscar en el pasado las soluciones para los problemas presentes.

El título y el argumento del libro te ayudarán a acabar de interpretar el sueño.

Consulta también *Biblioteca*.

Llave

Las llaves de nuestros sueños pueden simbolizar tanto la represión como la liberación. De este modo, soñar que abres una puerta con una llave anuncia la resolución de tus problemas, así como el inicio de una nueva etapa. Pero si tienes dificultad para girar la llave en la cerradura, es señal de que tendrás que superar algún obstáculo para alcanzar tus propósitos.

Si te ves con un gran manojo de llaves, significa que tienes muchos recursos. Pero si solo tienes una y se rompe, no lograrás tus propósitos.

Consulta también *Cerradura*.

Llorar

Las lágrimas simbolizan las emociones profundas. Pero si eso es buen augurio o no, lo deberás deducir por el contexto del sueño: al igual que en la vida real, no será igual verte llorar de alegría que de dolor o de tristeza.

Lluvia

Simboliza la purificación, la fertilidad y la riqueza, por lo que augura el final de un problema o de una situación. Si es lenta y constante, augura un gran beneficio que tardará un poco en

llegar; si es un aguacero, deberás superar algunos obstáculos antes de alcanzar tu meta.

Consulta también las entradas *Agua* y *Tormenta*.

Lobo

El simbolismo del lobo se mueve entre lo positivo y benéfico o lo negativo y maléfico.

En el primer sentido, soñar con un lobo amistoso significa que cuentas con la protección de alguien poderoso.

En el segundo sentido, la presencia de un lobo en tus sueños te advierte de que debes desconfiar de las personas que te rodean, ya que alguien te puede traicionar. Si es una manada con actitud amenazante, significa que tienes instintos y emociones reprimidas que intentan salir a la luz.

Loco

Vigesimosegundo y último Arcano Mayor del tarot tradicional, al que se suele asignar también el número cero, lo que significa que el Loco está al margen de todo orden o sistema. En los sueños significa espontaneidad, entusiasmo, curiosidad e irracionalidad.

Consulta la entrada *Tarot*.

Luna

La luna simboliza el cambio constante, los ritmos biológicos, las mareas, el crecimiento, la fertilidad, la imaginación y lo inconsciente. Para interpretar su significado, has de tener en cuenta en qué fase aparece: una luna llena augura consecución y éxitos, mientras que una luna nueva indica el final de un proceso, una etapa de descanso. Consulta también *Eclipse*.

Decimoctavo Arcano Mayor del tarot en el que aparece la imagen de la Luna. Se representa como una cara femenina de la que surgen rayos amarillos y rojos. Esta carta representa la fuerza de la imaginación y los peligros del mundo de las apariencias. En nuestros sueños, indica intuición, magia e imaginación. Consulta *Tarot*.

Luz

Simboliza el conocimiento, la inspiración y la intuición. Por ello, si tus sueños son luminosos, significa que tienes mucha confianza en ti misma, mientras que si son oscuros, revelan inseguridad y falta de confianza.

Encender una luz en medio de la oscuridad significa que conocerás algún secreto oculto, aunque también puede augurar la llegada de una buena época en tu vida. Consulta también las entradas *Día*, *Faro* y *Sol*.

Madre

La madre simboliza lo femenino, el crecimiento, la creatividad, la seguridad, el calor, etc.

Soñar con una madre bondadosa augura el inicio de una etapa de plenitud y riqueza. Sin embargo, si es cruel y despótica, indica que no somos fieles a nuestros propios principios.

Mago

La magia encarna las fuerzas del inconsciente. Ser maga en sueños es signo de creatividad, imaginación. Si el mago es otra persona, augura que recibirás la colaboración de alguien.

Primer Arcano Mayor numerado del tarot. En él aparece un hombre que sostiene con su mano izquierda una varita mágica. En los sueños augura creatividad, confianza en uno mismo, originalidad, dominio y fuerza de voluntad. Consulta la entrada *Tarot*.

Maleta

Consulta *Equipaje*.

Mano

Las manos son símbolo de soporte y de fuerza. La derecha simboliza lo racional, lógico y analítico, mientras que la izquierda es lo irracional, emocional e impulsivo (en zurdos se invierte el significado).

En la mayoría de los casos, su significado es similar a la vida real, de forma que unas manos atadas simbolizan falta de libertad, verlas vacías denota pobreza, mientras que si están llenas, auguran riquezas.

Consulta *Dedos* y *Guantes*.

Manzana

Morder una manzana revela el deseo de disfrutar de los placeres terrenales, a no ser que, como en el cuento, esté envenenada. Si es sabrosa, indica satisfacción afectiva; si está verde, dificultades; si está podrida o tiene gusanos, frustraciones y desengaños.

Consulta también *Fruta*.

Maquillaje

Este sueño indica la necesidad de cuidar la imagen y controlar las expresiones. Si sueñas que te estás maquillando, puede indicar una falta de seguridad en ti misma o un intento de dar la mejor cara en tus circunstancias actuales.

Soñar con personas excesivamente maquilladas es indicio de amistades falsas. Si somos nosotras las que nos acicalamos demasiado, significa que ocultamos nuestros verdaderos pensamientos.

Consulta también las entradas *Actor o actriz* y *Máscara*.

Mar

Es un símbolo universal de vida y fecundidad y, en los sueños, refleja nuestro estado mental, nuestra personalidad. Así, un mar en calma indica tranquilidad y pocos cambios; si está agitado, augura dificultades y muchos cambios; si caemos en él, enfermedad o problemas causados por nuestros instintos o pasiones; si nos dejamos hundir, refleja una actitud pesimista ante la vida.

Consulta también *Agua, Ahogarse, Arena, Azul* y *Barco*.

Mariposa

Este sueño se solía interpretar como señal de superficialidad y ligereza, pero nada más lejos de la realidad: las mariposas son símbolo de resurrección, de transformación. Por ello, si aparecen en tus sueños, indican cambios o noticias positivas, viajes y encuentros inesperados.

Consulta también *Gusano*.

Máscara

Las máscaras son símbolo de engaños, de apariencias ocultas. Si te colocas una máscara en sueños, quizá desees ocultar algún aspecto de tu personalidad. Si ves a otras personas con máscaras, presta atención, porque podrían estar ocultando quiénes son en realidad.

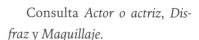

Consulta *Actor o actriz, Disfraz* y *Maquillaje*.

Matar

Normalmente matar implica el deseo de acabar con una situación para comenzar otra nueva. Si te ves matando a alguien de tu entorno, implica un deseo, encubierto o no, de finalizar la relación con dicha persona.

Si eres tú la víctima, puede indicar sentimientos de inferioridad o un conflicto interno. Consulta también *Asesinato*.

Matrimonio

Simboliza el equilibrio entre polos opuestos y, en general, es un buen augurio.

Si estás soltera, puede indicar un deseo de entablar una relación afectiva con alguien. Pero si ya estás casada, este sueño puede revelar conflictos.

Puedes consultar también *Alianza* y *Boda*.

Médico

Soñar con doctores o doctoras significa que pronto recibiremos la ayuda y protección de

alguien. Si nos hablan, escucha sus recomendaciones y consejos, pueden ser muy útiles.

Si sueñas que tú eres la doctora, indica que las personas que nos rodean te tienen en alta estima y que, de un modo u otro, resolverás los problemas que te angustian.

Mendigo

Soñar con mendigos puede anunciar el inicio de una etapa de dificultades económicas. Sin embargo, es más probable que indique que estás descuidando algún aspecto importante de tu personalidad.

Mesa

Si la mesa está llena de manjares, el sueño augura prosperidad; si está vacía, problemas domésticos. Si está sucia y desordenada, desavenencias o falta de unión.

La posición que ocupemos en la mesa nos indicará cuál es nuestro lugar en el núcleo familiar o en la empresa, por lo que analiza si estás sentada en la cabecera o a un lado. Si la mesa

es redonda, indica que te sientes igual que los demás, que no existe una jerarquía.

Una mesa volcada o rota es señal de mala suerte, problemas o rupturas.

Miedo

Pone de manifiesto un estado de ansiedad, preocupaciones e inseguridad. Deberías analizar los acontecimientos de los últimos días, ya que el sueño podría reflejar algún suceso, imagen o lectura que haya quedado grabado en tu inconsciente.

Consulta también *Abismo, Accidente* y *Diablo*.

Monstruo

Los monstruos simbolizan nuestros miedos interiores, así como todos los obstáculos que nos encontramos en el camino. Evidencian una situación de desorden y caos.

Si en el sueño luchas con ellos, implica que deseas liberarte de aspectos de ti misma, quizá demasiado opresivos.

Consulta *Dragón* y *Miedo*.

Montaña

Simboliza tanto los deseos de elevación y superación como la presencia de obstáculos y dificultades en el camino.

No será lo mismo verla desde la distancia que escalarla. En el primer caso, simboliza tus expectativas de triunfo. En el segundo caso, consulta *Escalar*.

Motocicleta

Ver *Automóvil* y *Bicicleta*.

Móvil

Consulta *Teléfono*.

Mudanza

Anuncia un cambio en tu vida. Los objetos que se trasladan pueden aportar más información sobre cómo será esta transformación.

Consulta también el significado general de *Casa*.

Muerte

Soñar con la muerte sugiere el final de una etapa, empresa, circunstancia o relación y el inicio de algo nuevo, pues toda muerte conlleva un renacer.

Si sueñas con tu propia muerte, indica que estás llevando a cabo una evolución y que, de un modo u otro, renacerás de tus cenizas.

Soñar con personas fallecidas indica que necesitas pasar más tiempo con tus seres queridos.

Ver *Asesinato*, *Cementerio*, *Entierro* y *Funeral*.

Decimotercer Arcano Mayor del tarot tradicional, que representa a la muerte en forma de esqueleto con una guadaña. Soñar con esta carta implica la transformación de las cosas, la evolución, el final de un ciclo. Consulta la entrada *Tarot*.

Mundo

Vigesimoprimer Arcano Mayor del tarot. Observamos a una muchacha en el centro de una gran corona que porta una varita. Soñar con esta carta otorga perfección, realización, éxito y liberación. Consulta la entrada *Tarot*.

Música

Si en el sueño aparece música melódica y armónica, indica tranquilidad, felicidad. Si es estridente, refleja el caos. Si es un fondo confuso o inquietante, revela angustia e inseguridad.

Si bailas, consulta *Baile*.

Nacimiento

Augura el inicio de algo nuevo, ya sea una amistad, un trabajo, un proyecto o un negocio. Si estás atravesando una época de problemas de salud, augura que te recuperarás en breve.

Es por tanto un sueño muy positivo que presagia alegrías, esperanza, creatividad, etc.

Nadar

Simboliza nuestra capacidad para desenvolvernos con soltura en el mundo de las emociones. Por lo tanto, este sueño augura éxito cualesquiera que sean los pronósticos.

Verte nadar con facilidad augura que tendrás éxito en tu camino. Si las aguas están turbias o te cuesta nadar, indica que estás encontrando dificultades: sé prudente y no corras riesgos.

Consulta *Agua* y *Ahogarse*.

Naipes

Consulta *Baraja*.

Naranja

La presencia de un naranjo en tus sueños augura amor y matrimonio. Por otra parte, soñar con naranjas anuncia que los proyectos, ideas o relaciones afectivas pronto darán sus frutos. Consulta también *Fruta*.

El naranja es el color de las llamas y el fuego. Simboliza el orgullo y la ambición. Si el sueño es positivo, se relaciona con optimismo, juventud, salud, alegría, sociabilidad, ambición, actividad, ternura, cordialidad, valor, vigor, franqueza y confianza en uno mismo. Si es más bien negativo, se asocia al afán de prestigio y a la frivolidad.

Negro

El negro es, en realidad, la carencia de color, el caos primigenio. Tradicionalmente, se considera que representa la tierra, el luto o la tristeza. Se relaciona con los signos zodiacales de acuario y capricornio, con Saturno y Plutón y con el hierro.

Si el sueño es positivo, se lo relaciona con renovación, invencibilidad y dignidad. Si su cariz es más bien negativo, se relaciona con desesperación, desamparo, muerte, destrucción, paralización, tristeza, pérdida, miedo, amenaza y oscuridad.

Cuando este color predomina en los sueños, indica que la persona pasa por una etapa de pesimismo y desconcierto.

Nido

El nido simboliza la casa y la familia. Si está vacío, refleja soledad y proyectos frustrados, pero si en él vemos pájaros o polluelos, es señal de felicidad y bienestar.

Un nido de víboras revela el temor a ser traicionado.

Niebla

Si sueñas que estás rodeada de una niebla densa, es símbolo de inseguridad e incertidumbre, pero si escampa, augura que tu camino se verá despejado y que podrás cumplir tus metas.

Consulta *Gris*.

Nieve

La nieve, como el color blanco, puede tener dos interpretaciones dependiendo de los sentimientos que prevalezcan. Si es positivo, simboliza paz, serenidad y equilibrio. Si es negativo, denota sentimientos de soledad y aislamiento.

Ver *Blanco*, *Frío* y *Hielo*.

Noche

La noche puede tener varios significados. Soñar con una noche hermosa repleta de estrellas,

o incluso con la luna, augura paz, tranquilidad, plenitud. En cambio, una noche cerrada en la que los sentimientos que prevalecen son la inquietud o incluso el miedo, augura dificultades.

Consulta *Luna* y *Negro*.

Números

Tienes los números detallados en el apartado «Señales numéricas en sueños premonitorios», en la primera parte del libro.

Oasis

Soñar que atraviesas un desierto y ves un oasis a lo lejos significa que se aproxima el final de tus problemas. Sin embargo, si te alejas del oasis, significa que solo puedes contar contigo misma para solucionar las dificultades que se avecinan.

Consulta *Desierto*.

Ojos

Los ojos, en general, simbolizan el conocimiento: a través de ellos podemos observar y comprender nuestra realidad. Si en el sueño hay uno o varios ojos que te observan, pero la sensación es positiva, significa que tienes la conciencia tranquila. Por el contrario, si la sensación es negativa, indica falta de seguridad en una misma.

Si sueñas que has perdido la vista, significa que debes revisar tus proyectos, ya que estás confiando en quien no debes o has pasado por alto algún detalle.

Consulta también *Gafas*.

Olas

Dejarse mecer por las olas indica que, a pesar de las circunstancias, siempre sales a flote.

Un mar revuelto presagia conflictos y dificultades, mientras que un mar repleto de olas pero majestuoso indica paz y seguridad.

Consulta también *Mar*.

Oro

Simboliza la luz, el conocimiento y la riqueza espiritual. En sueños implica un deseo de éxito y augura bienestar y recolección de frutos.

Consulta también *Amarillo, Dinero* y *Joyas*.

Oruga

Consulta *Gusano* y *Mariposa*.

Oso

Tradicionalmente, soñar con un oso era mal presagio. Sin embargo, también son símbolo de la bondad y la protección. Así, verte protegida o abrazada por un oso indica un deseo de protección casi materno.

Si el oso nos ataca, augura dificultades y la traición de alguien cercano y en quien confiamos.

Otoño

El otoño simboliza la recolección de los frutos y anuncia estabilidad, descanso, madurez.

Este sueño te aconseja apro-

vechar los conocimientos y experiencias pasadas para solucionar los problemas del presente.

Padre

En contraposición con la madre, el padre representa el principio masculino, los mandamientos y las prohibiciones, la tradición. Es símbolo de autoridad y poder, aunque también de protección y de cariño. En general es un sueño positivo que augura protección y consecución de nuestros objetivos.

Durante la adolescencia son bastante frecuentes los sueños en los que aparece la figura paterna como símbolo de hostilidad y de conflictos.

Pájaros

Los pájaros en general simbolizan nuestro estado de ánimo e implican ansias por volar, libertad y deseos de cambio.

Soñar con una bandada de pájaros que se eleva en el cielo

implica superación de los problemas. Si están volando, indica ganas de viajar o incluso la posibilidad de un viaje pronto.

Si el pájaro está prisionero, indica que así te sientes tú y, si está herido, augura limitaciones.

Consulta también *Nido*.

Papel

Si en nuestros sueños vemos muchos papeles escritos, simbolizan nuestro afán investigador; si están desordenados, significa que atravesamos una etapa de inquietud. Si son papeles que se lleva el viento, indica que nuestras esperanzas no tienen fundamento; si están mojados, auguran pérdida de prestigio.

Consulta también las entradas *Biblioteca*, *Leer* y *Libro*.

Paraguas

Significa que queremos eludir nuestras responsabilidades, dado que la lluvia puede simbolizar las dificultades de la vida, sobre todo si es una lluvia intensa.

También puede anunciar que se avecinan problemas en nuestras relaciones personales.

Puedes consultar también la entrada *Lluvia*.

Pareja

Soñar con tu pareja puede ser un reflejo de vuestra conexión emocional. En este caso, el sueño es muy agradable y simboliza justamente eso: el gran amor que sentís.

Sin embargo, también puede reflejar las tensiones que tenéis. Así, soñar que os peleáis puede indicar alguna tensión real o algún problema no resuelto. Y si te sientes insegura con la relación, es probable que sueñes que os separáis o que te es infiel.

Ver también las entradas *Expareja* e *Infidelidad*.

Parto

Consulta *Nacimiento*.

Película

Soñar con escenas de una película es una manera más de representar nuestra situación actual, y debe interpretarse como cualquier otro sueño. En cambio, si estás en el rodaje de una película, tu función (director, guionista, técnico, actriz, espectadora, etc.) revelará el grado de control que tienes en tu vida.

Consulta también las entradas *Actor* o *actriz* y *Teatro*.

Perfumes

En un buen augurio, si el perfume es agradable, indica que conseguirás alcanzar tus objetivos sin mucho esfuerzo. Si, por el contrario, es desagradable, tendremos algunas dificultades.

Oler el perfume de una persona cuando no se encuentra cerca o ya se ha ido, indica que ha tenido mucha influencia en nuestra vida.

Perro

Simboliza, como en la vida real, la fidelidad incondicional y la compañía.

Si sueñas con un perro amistoso, significa que eres fiel a tus objetivos o ideales. Pero si es al contrario, un perro amenazador indica que, de una manera u otra, estás traicionando tus principios, por lo que puedes perder amistades.

Sin embargo, si eres una persona con miedo a los perros, en tus sueños significarán una amenaza y serán portadores de malas noticias.

Persecución

Ser perseguido por alguien indica estrés por situaciones sin resolver y te aconseja que afrontes tus problemas. Si eres tú la que persigue a alguien, presagia inconvenientes.

Pescar

Esta acción simboliza el deseo de recuperar los contenidos

psíquicos del inconsciente, es decir, los peces, por ello el significado de este sueño reside en lo que pescamos: los aspectos negativos o positivos de nuestro yo profundo.

Consulta *Pez* y *Red*.

Pez

Los peces simbolizan aquellos aspectos de nuestro inconsciente que emergen a la conciencia.

Soñar con peces que nadan tan tranquilamente es muy buen augurio, ya que indica equilibrio y tranquilidad. Si son grandes, indican abundancia, a no ser que sean tiburones, que entonces están asociados con las preocupaciones, incluso con la ansiedad, la angustia y las pesadillas.

Soñar que intentamos capturar peces con las manos y se nos escapan refleja frustraciones emocionales. Si están muertos o nadan lentamente en solitario, el sueño augura desengaños y soledad. Consulta *Agua* y *Nadar*.

Piedra

Las piedras son símbolo de solidez y constancia.

Una piedra partida puede indicar que un problema muy grande se solucionará o que, por el contrario, surgirán complicaciones, normalmente de salud.

Encontrarnos con grandes piedras en el camino equivale a encontrar *Barreras* e indica que caminaremos con dificultad.

Si sueñas con piedras preciosas, consulta el término *Gemas*.

Pies

Representan la seguridad y la estabilidad. De este modo, soñar con unos pies que caminan de forma firme y segura indica que tienes fortaleza para continuar en tu camino.

Soñar que te amputan uno o ambos pies augura que alguien intentará sabotear tus planes, pero también puede revelar una tendencia a apartarte de la realidad.

Ver *Zapatos*.

Piojos

Tener piojos o parásitos es un sueño muy desagradable que

indica la presencia de una invasión emocional o una angustia vital.

Consulta también *Cabello* y *Cabeza*.

Planetas

Ver planetas en la noche estrellada es símbolo de felicidad y éxito; si, en cambio, caen del cielo, como meteoritos, augura que nos enfrentaremos a problemas.

Si ves el universo, simboliza que es un momento muy propicio para realizar todo tipo de actividades creativas.

Sin embargo, si ves un planeta en concreto, el significado del sueño se matizará. No es lo mismo ver el *Sol*, que la *Luna* (consulta ambos). De modo general, podemos definir los siguientes significados: Venus simboliza el amor; Marte, la acción y la destrucción; Mercurio, la intuición y la mente; Júpiter, la bondad y la protección; Saturno, la constancia; Urano, los cambios; Neptuno, la inspiración y, por último, Plutón, los grandes cambios.

Plata

La luna y el agua se asocian con la plata y su presencia en los sueños es positiva. Sin embargo, cuando está ennegrecida, augura graves pérdidas.

Playa

Soñar con una playa de arena fina augura paz y sensualidad, aunque si es de guijarros, indica que debes actuar con prudencia.

Jugar o pasear en la playa augura que pronto alcanzarás tus objetivos económicos o sentimentales.

Consulta también *Amarillo, Arena* y *Mar*.

Primavera

Este sueño augura el inicio de una nueva etapa llena de esperanzas, un renacer de las ilusiones, la alegría y el optimismo en general.

Consulta *Flor*.

Prisión

Consulta *Cárcel* y *Barreras*.

Profesor

Los profesores representan a los consejeros, aquellas personas que nos aportan información y nos hacen salir de dudas.

Un profesor de escuela severo y riguroso refleja falta de seguridad y un cierto complejo de inferioridad. En cambio, si su presencia inspira respeto y admiración, significa que te encuentras en una etapa de plenitud y madurez.

Si sueñas que eres tú la profesora, indica deseos de compartir tus conocimientos con los demás.

Consulta *Examen*.

Puente

El puente representa la unión de dos orillas opuestas y, por tanto, la comunicación entre ambas.

En los sueños, refleja la solución a tus problemas actuales. Por lo tanto, si lo cruzas, augura la resolución de conflictos con otras personas. Sin embargo, si no te decides a cruzarlo, indica que la situación empeorará debido a tu falta de seguridad.

Puerta

Al igual que el puente, es un lugar de paso. Este tipo de sueño suele producirse cuando atravesamos una crisis o en vísperas de grandes cambios.

Soñar con una puerta abierta augura el final de los problemas, pero si la puerta es muy estrecha o baja, indicará que dicha solución no será fácil.

Relacionada con la *Casa*, la puerta es lo que nos permite acceder a su simbolismo. Consulta también *Cerradura* y *Llave*.

Puerto

Es el principio o el final de un viaje y, por tanto, el nacimiento y la muerte. Llegar a un puerto indica el final feliz de una etapa o relación. Si solo lo contemplamos, significa que los proyectos aún tardarán en realizarse.

Ver *Barco, Mar, Muerte* y *Nacimiento*.

Púrpura

Este color implica dignidad, triunfo, honores y felicidad amorosa. Tiene la estabilidad del *Azul* con la energía del *Rojo*.

Queja

Las quejas en sueños no son buen augurio, ya que revelan que nos encontramos ante problemas, ya sean afectivos o económicos. Debe analizarse si es una queja de uno o externa.

Quemaduras

Quemarnos con el elemento *Fuego* augura mala salud o sentimientos de culpa y rencor. Se nos aconseja calma y serenidad para que las circunstancias no nos «quemen».

También puede indicar que poseemos muchos recursos y energía creativa pero que no sabemos cómo utilizarlos.

Analiza con mayor detalle la zona del cuerpo quemada para tener más información sobre su simbolismo.

Consulta *Fuego*.

Quiebra

Ante todo, aclaremos que soñar que nos declaramos en quiebra no es premonitorio, sino simbólico: quizá tienes dudas sobre ese proyecto que tienes entre manos.

El miedo a fracasar en algo resulta ser uno de los miedos

más comunes. Soñar con el fracaso de un negocio —quebrar— puede hablarnos de superar los límites de nuestras ambiciones.

Quirófano

Suele ser un sueño angustioso o preocupante, ya que provoca (y refleja) miedo al dolor y a enfermarnos. Consulta también *Enfermedad* y *Médico*.

Rama

Soñar con ramas en flor augura la llegada de un periodo positivo, aunque si están verdes, no debemos precipitarnos al tomar decisiones.

Las ramas secas indican pérdidas de energía física; si están cortadas, es señal de que hemos olvidado nuestros objetivos principales.

Si te encuentras ramas en tu camino y te molestan al caminar, simbolizan las dificultades. En este caso consulta *Barreras*.

Ramo

Los ramos de flores pueden significar homenaje y reconocimiento, sobre todo si nos los tiran a los pies o nos los regalan.

Ver como una persona que queremos nos regala un ramo de flores augura amor, felicidad y alegría. Y si es el ramo de una novia y lo cogemos al vuelo, simboliza estabilidad en nuestra relación amorosa.

Ofrecer flores a un enfermo simboliza, como en la vida real, nuestro deseo de que esa persona se mejore.

Consulta también *Flor*.

Rata

Animal que, en la mayoría de los casos, genera repulsión, por lo que aparece en nuestros sueños cuando hay tensión, estrés, angustia. Representa aquellos aspectos de nuestra personalidad que deseamos ocultar.

Rayo

Simboliza un cambio radical en nuestra vida que puede ser positivo o negativo dependiendo del sentimiento general del sueño. Por ejemplo, si el rayo provoca un incendio, significa que se producirá una renovación en tu vida.

Puedes consultar también *Accidente* y *Tormenta*.

Red

Si caemos en una red, significa que nos sentimos atrapados por nuestras relaciones afectivas o laborales.

Si la red está llena de peces, debemos tener paciencia para recoger los frutos de nuestro trabajo. Por el contrario, si está vacía, implica que estamos atravesando circunstancias adversas.

Consulta *Pescar* y *Pez*.

Reír

Suele ser un sueño muy positivo que denota bienestar y alegría. Solo si te ves burlándote de otra persona su simbolismo es negativo, ya que indica que te avergüenzas de tus ideas.

Reloj

Los relojes simbolizan el paso del tiempo, el ritmo de nuestra vida. Por ello, ver un reloj parado indica que debes hacer un alto en el camino y, tradicionalmente, es de mal augurio. Si está atrasado, es un aviso para que aceleres tu ritmo; y si está adelantado, significa que debes tomarte las cosas con más calma. Si en el sueño destaca una hora determinada, busca el significado de sus números al principio de este libro.

Reptiles

Simbolizan nuestros aspectos más primitivos, nuestras fuerzas interiores. Así, si sueñas que un reptil te ataca, indica que los instintos se están apoderando de tu personalidad.

Rey o reina

Ambos simbolizan las figuras de la madre y el padre elevados a su máxima autoridad y poder. Ponen de manifiesto una etapa de creatividad, fuerza e independencia.

Verte coronada indica el final de un proceso en el que conseguirás tus metas. Si te ves convertida en reina, fíjate bien en los detalles, ya que simboliza lo que quieres conseguir y el papel que quieres tener ante los demás.

Consulta *Corona, Madre, Padre* y *Oro*.

Río

El río simboliza lo que fluye y no está estancado. Soñar con un río de aguas claras indica bienestar y realización de nuestros proyectos, pero si las aguas están turbias o demasiado agitadas, anuncia pérdidas y conflictos.

Consulta *Agua*.

Robar

Si nos roban en sueños, significa que tememos perder nuestras posesiones. Si eres tú quien roba, significa que te estás adueñando de bienes, sentimientos u honores que no te pertenecen en vez de conseguirlos por tu propio esfuerzo.

Rojo

Color por excelencia del amor y la pasión, de la sangre, el fuego y los sentidos, que corresponde a las cualidades de valentía y osadía. Es atributo del dios Marte, del planeta Júpiter (rojo oscuro) o del planeta Marte (rojo claro).

En sueños, si el sentido es positivo, implica amor, sensualidad, pasión, confianza en una misma, fuerza, resistencia, conquista, independencia y alegría de vivir. Augura una acción inmediata y decidida.

Si el sentido del sueño es negativo, denota impulsividad, agresividad, ira y odio.

Ropa

El color y aspecto de la prenda nos revelará el sentido del sueño. Así, soñar con prendas rotas augura pérdidas o fallos en nuestros proyectos, mientras que perder una prenda revela temor a la opinión de los demás.

Si te ves con un traje de chaqueta profesional y las sensaciones son positivas, significa que estás bien adaptada a tu vida profesional. Si, en cambio, llevas un traje que no corresponde con tu profesión, indica una mala adaptación en tu trabajo.

En sueños, la ropa de colores muy vivos o estridentes evidencia inseguridad y deseo de llamar la atención de los demás.

Consulta también *Compras, Desnudez* y *Uniforme*.

Rosa

La rosa simboliza por excelencia el corazón y el amor. Soñar que alguien nos regala una rosa indica que atravesamos un momento de plenitud afectiva. Sin embargo, si nos pinchamos con sus espinas, es señal de inseguridad en las relaciones.

El color rosa simboliza la sensualidad o los sentimientos afectivos, asociado con el romanticismo y el amor. Si el sentido del sueño es positivo, este color denota romanticismo, elegancia, cariño, altruismo, suavidad, discreción y feminidad. Pero si es negativo, indica una necesidad de protección, inhibición y sentimentalismo.

Rueda de la fortuna

Décimo Arcano Mayor del tarot tradicional representado como una rueda del destino. Esta carta está basada en el dos, en la polaridad, y expresa el equilibrio de las fuerzas contrarias. Soñar con ella indica fortuna, ganancias, providencia y felicidad. También nos habla de las etapas y el tiempo. Podría estar indicando un cierre de etapa, el fin de relación o un nuevo inicio. Consulta la entrada *Tarot*.

Ruinas

Su significado es casi literal, pues simboliza todos aquellos sentimientos o ideas del pasado que han perdido su vigencia.

No obstante, si soñamos con un monumento, templo o ciudad de la Antigüedad, simbolizarán la permanencia y auguran que nuestros proyectos tendrán mucho éxito.

Ruptura

Romper una relación en sueños simboliza el final de una etapa de la vida. Soñar con ello no es ningún consejo para que hagamos realidad esta ruptura, sino que más bien pone de manifiesto las dudas y los problemas.

Si lo que se rompe es un objeto, indica que algo se está viniendo abajo. Deberás analizar el objeto en cuestión para ampliar el significado. Por ejemplo, no será lo mismo que se rompa un espejo, relacionado con la imagen de una misma, que se nos rompa el teléfono, relacionado con la comunicación.

Saltar

Soñar que saltas al vacío indica que te estás arriesgando demasiado. Si saltas hacia arriba, en cambio, significa que lograrás superarte, ya sea en el ámbito profesional o en el terreno personal.

En todo caso, es un sueño muy positivo, ya que implica la superación de las barreras que existen en nuestro camino.

Consulta también *Dificultades* y *Escalar*.

Sangre

La sangre simboliza la vida, el fuego y nuestras energías vitales. Sin embargo, este sentido positivo en general se ve modificado por nuestro miedo a la enfermedad y al dolor. Por eso, soñar con sangre suele representar más una pérdida de las energías que una recuperación de estas. Deberás analizar bien si el sueño es positivo o negativo para decantarte por una u otra interpretación.

Consulta también *Rojo*.

Selva

La selva es un bosque salvaje, primitivo, por lo que si en tu sueño estás en el interior de una es probable que se manifiesten tus instintos más primarios, tu capacidad de supervivencia.

Si la selva es densa y oscura, implica que puedes tener algún aspecto oculto al que todavía no puedes acceder o enfrentarte. Si es luminosa y el sentido del sueño es agradable, ¡felicidades!, significa que eres una persona aventurera y sin problemas de comunicación.

Serpientes

Simbolizan el poder, la curación, la sabiduría. Ver una serpiente en sueños augura problemas, aunque también implica un aprendizaje a través de estos.

Si son víboras o serpientes venenosas, representan el miedo a las traiciones y pueden augurar malas compañías y que hablen mal de ti. Ver también *Nido*.

Sexo

Soñar que mantienes relaciones sexuales con tu pareja o con alguien conocido suele revelar una atracción hacia dichas personas. Por ejemplo, si sueñas que lo haces con alguien del trabajo, no implica que desees hacerlo, ni siquiera que te guste en un sentido afectivo, sino que tiene ciertas cualidades que puedes admirar. Para más información sobre el significado de soñar con tu *Pareja*, consulta esa entrada.

Soñar con tu ex es muy habitual y tampoco significa que quieras volver o que eches de menos a esa persona.

Consulta la entrada *Expareja*.

Sin embargo, si se lleva a cabo con un desconocido, revela atracción hacia las cualidades que encarne esta persona.

Consulta también *Abrazar, Beso, Infidelidad*.

Sol

Símbolo de la energía, la fuerza, el fuego, lo masculino frente a la luna, que es lo femenino e inconsciente.

En nuestros sueños, el sol implica éxito y esplendor. Por ello, soñar con el sol naciente señala el inicio de una etapa de felicidad y prosperidad. No obstante, si está oculto entre las nubes, augura tristeza y problemas inesperados.

Consulta también *Amarillo, Día, Luz* y *Eclipse*.

Decimonoveno Arcano Mayor del tarot, que presenta el disco del astro rodeado por rayos rectos o llameantes. La carta simbolizaría el ennoblecimiento interior. Soñar con ella implica iluminación, espiritualidad, realización, éxito y amor. Una carta muy positiva que, aunque a veces se nos oculte, debemos tener presente. Consulta también *Tarot*.

Sombrero

Simboliza la apariencia, el rango o la posición social y se relaciona con la corona. En los sueños, cubre la cabeza, es decir, oculta aspectos de nosotras mismas. Así, verte con un sombrero puede indicar que estás intentando ocultar algún proyecto o alguna idea.

Si sueñas que llevas un sombrero ridículo refleja la existencia de alguna actitud que también es ridícula, chocante. Un sombrero de copa indica presunción y pretensiones exageradas.

Consulta *Cabeza*.

Sótano

La casa representa tu personalidad y el sótano simboliza el inconsciente, el lugar donde ocultamos lo más íntimo. No tiene el mismo significado un sótano ordenado, limpio e incluso iluminado, que uno desordenado, sucio y oscuro.

Si te ves en el sótano rebuscando entre tus cosas, augura un cambio de comportamiento, mientras que si sientes miedo a bajar al mismo, implica temor a descubrir ciertos aspectos de ti misma que no aceptas.

Si es una bodega en la que guardas vino, simboliza lo jovial y la desinhibición, aunque también debes analizar si se ve ordenada y bien surtida o desordenada y polvorienta.

Ver *Casa* y *Cueva*.

Suma Sacerdotisa

Segundo Arcano Mayor del tarot. Representado por la mujer sabia, una deidad de la noche, aparece sentada sobre un trono, sosteniendo un libro con la mano derecha y dos llaves con la izquierda. Soñar con esta carta es sinónimo de trabajar la intuición, de poseer la sabiduría y la información que otros no tienen, de serenidad, silencio y objetividad.

Consulta la entrada *Tarot*.

Sumo Sacerdote

Quinto Arcano Mayor del tarot. Se representa como un hombre sentado en un trono entre dos columnas que simbolizan la intuición y la razón. Soñar con esta carta significa el deber, la conciencia, la humildad e inspiración.

Consulta la entrada *Tarot*.

Tarot

Soñar con las cartas del tarot es un buen augurio, ya sea que sueñes con una carta concreta o que te veas consultando el tarot en general. Como ocurre con la *Baraja*, las cartas del tarot simbolizan el camino del alma, la suerte o el destino.

Será un sueño más recurrente o común para aquellas de vosotras que lo consultáis en la vida real. Pero también puede aparecer cuando no eres usuaria, por así decirlo, en cuyo caso señala ansias de conocimiento.

Para más información de su significado en los sueños, consulta el simbolismo de cada carta.

Tatuaje

Soñar que te tatúas refleja la necesidad acuciante de dar un cambio de rumbo a tu vida y exteriorizar tu mundo interno. Si en el sueño te ves ya tatuada, también simbolizará esta necesidad de cambio. Si no es solo un tatuaje, sino que te ves totalmente cubierta de ellos, significa que eres una persona muy creativa a la que no le importa la opinión de los demás.

El dibujo del tatuaje te dará pistas sobre lo que representa.

Teatro

Ver una obra teatral sin participar en ella implica que tenemos una actitud pasiva ante la vida. Por el contrario, si estamos en el *escenario* (revisa la entrada *Escenario*), significa que tendremos la posibilidad de participar.

El argumento de la obra y nuestro papel en ella te aporta-

rá una información muy valiosa sobre tu situación actual.

Si el teatro está atestado de gente, implica que te preocupa la opinión de los demás.

Otra interpretación diferente tiene soñar con el teatro vacío y el telón que se levanta. En este caso augura cambios en tu entorno, incluso alguna mudanza. Si, por el contrario, el telón cae, augura una etapa de estabilidad, de consecución de objetivos concretos.

Consulta también las entradas *Actor o actriz* y *Película*.

Telaraña

Consulta *Araña*.

Teléfono

El teléfono en general representa la comunicación con nuestros seres queridos. Sin embargo, soñar que escuchas el móvil pero no lo descuelgas, implica que estás desoyendo los avisos de tu conciencia. Si sientes pánico hacia el mismo, significa que te niegas a aceptar algún aspecto de tu personalidad.

Si se estropea, de una forma u otra, indica falta de comunicación. Si te ves haciéndote selfis, el sueño equivaldrá al *Espejo*.

Templanza

Decimocuarta carta del tarot común. Muestra la imagen de una mujer —aunque también puede considerarse un ser andrógino— alada con una túnica roja y un manto azul o verde que vierte el agua de una vasija de plata en otra de oro. Soñar con ella denota paciencia, armonía y consolidación. Nos habla de la calma y el acompañamiento; de que nuestros seres queridos o energías familiares están de nuestro lado.

Consulta la entrada *Tarot*.

Terremoto

Soñar con un terremoto simboliza un cambio brusco que rompe el equilibrio de tu vida. Es un aviso de que debes cambiar tu orientación, valores o proyectos con premura, incluso puede ser un aviso de que vigiles tu salud. Consulta *Catástrofe*.

Tiburón

Los tiburones están asociados con la preocupación, la ansiedad, la angustia. Suelen aparecer en nuestras pesadillas como símbolo de todo aquello que nos inquieta.

Tierra

Tal como dijimos al principio del libro, al soñar con el elemento tierra tenemos que prestar mucha atención a su estado.

Si en la tierra se puede sembrar o es de provecho, se nos estaría hablando de fertilidad, fecundidad y prosperidad. Si la tierra es árida, indica cansancio y agotamiento.

Si soñamos que levantamos los pies de la tierra o que no llegamos a tocarla al andar, puede que se nos esté intentando transmitir

una sensación de desarraigo o la necesidad de volver a conectar con nuestras raíces.

Si sueñas que te entierran o que te echan tierra por encima, revela tensiones, problemas, agitación emocional.

Tormenta

Las tormentas señalan cambios emocionales profundos y obstáculos en tu camino. Consulta también *Lluvia*.

Soñar con un rayo que ilumina la tormenta indica que las tinieblas desaparecerán, es decir, que encontrarás una solución a tus problemas actuales. Consulta *Rayo*.

Torre

La torre es, simbólicamente, una *Casa* con una mayor elevación, un rascacielos. Dependiendo de su estado, el simbolismo cambiará. Así, una torre derruida implica una rotura de nuestros proyectos, mientras que si está torcida, implica desequilibrio, inestabilidad.

Decimosexto Arcano Mayor del tarot, que muestra una torre semiderruida en su parte superior por un rayo. Soñar con ella implica un cambio repentino, ruptura de lo previamente establecido y adversidades que, lejos de desmoralizarnos, deben animarnos a volver a construir nuestras intenciones. Consulta la entrada *Tarot*.

Tren

Los sueños en los que aparecen medios de transporte revelan la necesidad de relacionarnos con otras personas que están alejadas de nosotros. En términos generales, el simbolismo del tren se asemeja al del *Autobús*, ya que ambos son colectivos.

Un tren que circula a alta velocidad sin parar en las diferentes estaciones implica una excesiva actividad que no deja espacio para la reflexión. Por el contrario, un tren detenido indica dudas y monotonía.

Consulta también *Estaciones*.

Triángulo

Esta figura se encuentra determinada por el número tres, y su simbolismo depende de la posición del vértice. Así, el trián-

gulo con la punta hacia abajo simboliza el agua y la feminidad, pero también expresa la involución. Con todo, se considera una forma equivalente al corazón y puede sustituirlo simbólicamente, sobre todo si el triángulo se encuentra situado en el centro.

Por el contrario, si la punta se orienta hacia arriba, simboliza el fuego, la masculinidad, la fuerza de la vida y el impulso ascendente de todo hacia la unidad superior, desde lo extenso (base) a lo inextenso (vértice).

Tribunal

Este sueño suele generar tensión o preocupación e indica que tienes que revisar tu comportamiento o tus actos. Si entras en la sala del tribunal, indicará la existencia de conflictos por resolver, mientras que si sales de esta, augura la resolución de dichos conflictos.

Tumba

Las tumbas implican dudas, desasosiego y añoranza del pasado. Si dentro de ella vemos a un amigo o a nosotras mismas, es señal de que hemos emprendido un cambio personal importante. Por tanto, este sueño anuncia una transformación radical en nuestra vida.

Consulta también *Cementerio, Entierro* y *Funeral.*

Túnel

El túnel, como el puente, simboliza una vía de comunicación entre dos espacios, aunque aquí estos están generalmente dotados de luz, en contraposición al túnel, que suele aparecer en nuestros sueños como un lugar oscuro.

Soñar con un túnel oscuro e interminable puede ser una pesadilla recurrente debida a situaciones de estrés. Si ves la luz al final del mismo, significa que alcanzarás el objetivo que te has propuesto.

Turquesa

Color relacionado con la sociabilidad, amistad, comunicación, imaginación, gracia, conciencia de uno mismo, humor y encanto. Si el sueño es negativo, este color viene asociado con

egoísmo, tozudez y necesidad de reconocimiento.

así el crecimiento y la prosperidad de nuestras almas.

Uniforme

Simboliza el deber y las obligaciones a las que la sociedad nos somete. Implica disciplina, rigidez y, en sueños, suele indicar precisamente que debes tener una mayor flexibilidad, aunque dependerá de si te deja una sensación positiva o negativa.

Consulta también *Ropa*.

Uñas

Pueden ser símbolo de agresividad si las sacamos o de imagen de nosotras mismas. Así, soñar con una manicura perfecta revela un estado de salud y anímico perfectos. En cambio, soñar que te rompes una uña revela que te sientes indefensa ante una situación. Soñar con comerse las uñas podría advertirnos de que nos estamos cortando las alas a nosotras mismas, impidiendo

Uvas

Soñar que aplastamos uvas para hacer vino presagia un periodo de abundancia y bienestar económico. Si las comemos, significa que queremos adelantarnos a los acontecimientos. Si las uvas están secas, hemos dejado pasar una oportunidad para nuestros proyectos o negocios.

Puedes consultar también la entrada *Fruta*.

Vaca

Este animal simboliza la fertilidad, la abundancia. Tradicionalmente, soñar con vacas gordas augura riqueza, mientras que si están delgadas o débiles, es indicio de pérdidas y pobreza.

Si las vacas pacen tranquilamente, deberemos tener paciencia, ya que los beneficios aún se harán esperar.

Vacaciones

Soñar con unas vacaciones es, sin duda, señal de que necesitamos un alivio en nuestra vida ajetreada. Si las acabas de tener, este sueño será un recordatorio de todo lo vivido. Si, por el contrario, no las has tenido y te ves haciendo las maletas y embarcándote en algún medio de transporte, indica que pronto tendrás que tomar alguna decisión importante.

Puedes consultar también *Automóvil*, *Avión*, *Barco* o *Tren*, según sea el caso.

Vampiro

Soñar que nos ataca un vampiro significa que alguien cercano intenta aprovecharse de nosotros. Verte entre un montón de vampiros tiene un significado igual de negativo.

Si sueñas que te conviertes en una vampira, es señal de que te dejas llevar excesivamente por los instintos.

Vela

Relacionada con el fuego, la vela simboliza la intuición y el conocimiento y augura bienestar y riquezas adquiridos con esfuerzo.

Una vela de llama firme indica que tus ideas son igualmente firmes, mientras que una llama vacilante revela que estás desaprovechando tus recursos.

Si la llama de la vela se apaga, muestra que estás llegando al límite de tus fuerzas. O lo que es lo mismo, que deberías pensar en tomarte un descanso.

Ventana

La ventana constituye una apertura al mundo exterior y, por tanto, lo que vemos por ella simboliza nuestro futuro. Así, un paisaje agradable y luminoso revela que tendremos la energía y motivación necesarias para llevar a cabo nuestros proyectos. En cambio, si es oscuro, nuestro futuro será incierto.

Si quieres asomarte a una ventana pero no te atreves, simboliza que tienes miedo a las consecuencias de tus acciones. Si te ves saliendo por ella, implica que has tomado un camino equivocado.

Verano

El verano simboliza la plenitud y la riqueza. Por lo tanto, si tu sueño se sitúa en esta estación, augura que recogerás en breve los frutos de tu trabajo.

Verde

Este color se sitúa entre el negro y el rojo, entre la vida y la muerte. Por ello, para los egipcios era el atributo de Osiris, dios de la vida y de los muertos. Tradicionalmente representa el agua, junto al azul y el violeta.

En su sentido positivo simboliza esperanza, naturaleza, equilibrio, crecimiento, juventud, constancia, vida, fuerza de voluntad, curación, belleza, simpatía, integridad, bienestar, perseverancia, tenacidad, prestigio, purificación y regeneración.

En su sentido negativo, indica falta de sinceridad, ambición y poder.

Si soñamos que este color aparece en medio de un paisaje desierto, quiere decir que estamos atravesando una etapa estéril de la que pronto saldremos.

Sin embargo, un exceso de verde en el sueño evidencia que nos estamos dejando llevar por los instintos. También puede expresar la necesidad de esperar a que las cosas maduren.

Viento

La presencia de viento augura la llegada de acontecimientos importantes o incluso dificultades, que serán mayores cuanto más fuertes sean las ráfagas. Estás enfrentándote a fuerzas que están fuera de tu control.

Ver también la entrada *Aire*.

Violeta

Como suma del color azul (o devoción) con el rojo (o pasión), el color violeta simboliza la nostalgia y el recuerdo. Posee las cualidades de prudencia, modestia, amor a la verdad y arrepentimiento.

En su aspecto positivo es símbolo de magia, espiritualidad, inspiración, sentimentalismo, individualismo y superación de las contradicciones. En su sentido negativo denota melancolía, pena, abandono y renuncia.

El color violeta se relaciona con el otoño, el tránsito de la vida a la muerte, lo secreto y lo misterioso.

Volar

Soñar que vuelas indica un deseo de ser libre, incluso de escapar de los problemas de la vida diaria.

Si estás empezando un proyecto nuevo, este sueño refleja que tienes el impulso para llevarlo a cabo. Si te caes durante el vuelo o tienes problemas para emprenderlo, revela sentimientos de inferioridad y miedo al fracaso.

Consulta también *Alas*.

Volcán

Ver un volcán en tu sueño representa la eclosión de nuestras pasiones reprimidas. Dependiendo del contexto del sueño, el significado de este será positivo o negativo.

Si ves un volcán en erupción, este te está avisando de que debes evitar las dificultades que surgen en el día a día a tu alrededor.

Si la lava te rodea, significa que no puedes ocultar los problemas y que estos serán complicados de resolver.

Si la lava está apagada, implica que serás capaz de recuperarte de los obstáculos.

Voz

Si escuchas voces en tus sueños, intenta recordar el mensaje que te están transmitiendo, ya que suelen ser mensajes de tu yo interior.

Soñar que perdemos la voz refleja una falta de determinación y de seguridad en nosotras mismas.

Consulta *Gritar*.

Zapatos

Los zapatos suelen indicar el deseo de posesiones, aunque también pueden anunciar un viaje o el fin de una etapa, situación o relación. Ver unos zapatos nuevos indica esperanza e ilusión; si están viejos, indican cansancio.

Las botas sugieren un dominio más físico, incluso agresivo, mientras que unas zapatillas sugieren comodidad, descanso y compañía.

Consulta también *Pies*.

Zarzas

Anuncian dificultades y desavenencias con familiares y amigos, así como retrasos o contratiempos. Consulta *Barreras*.

Zombi

Si no es provocado por una maratón de películas del género, indica que estás atravesando una época de estrés y confusión o que sientes, de algún modo, que estás viviendo con el piloto automático puesto. Deberías empezar a preguntarte si la vida que vives es la que te gustaría vivir, tomando tus propias decisiones y sin que nadie ajeno te controle.

Como dato curioso, si nos remitimos al significado que se le da y a su etimología, es una palabra que proviene de África occidental. Una de las traducciones directas más acertadas es la de «cadáver reanimado por prácticas de brujería o por brujas».

SEXTA PARTE
PRÁCTICA

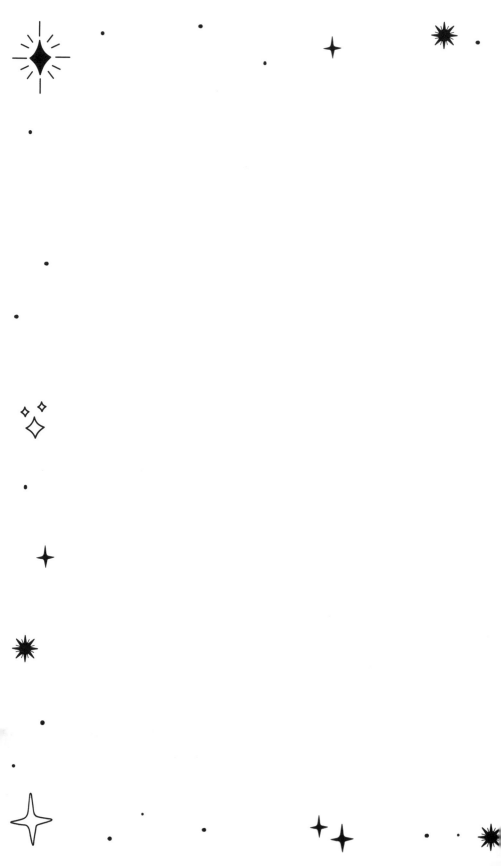

¿Creías que iba a dejarte con toda esa información y sin deberes? ¡Creíste mal! En este apartado encontrarás mucha información y prácticas que son compatibles con el análisis de los sueños. Ya sabemos que soy un poco dada a lo mágico y lo esotérico, así que también encontrarás muchas cositas de ese tipo por aquí.

LA LUNA Y LOS SUEÑOS

No hay nada más representativo de la noche que la luna. Uno de los astros más influyentes sobre nuestro planeta. Por eso es muy importante saber cómo funciona y su efecto sobre el mundo. Si creas tu propio calendario lunar, podrás tener en cuenta todos estos factores. Hablemos ahora de las cuatro fases más conocidas:

- **Cuarto creciente:** muchas personas, desde el inicio de los tiempos, lo interpretan como el momento de sembrar, preparar y predisponerse. Se dice que ayuda a que los productos de la tierra crezcan de manera sana. En nuestras vidas, es un buen momento para agradecer y atraer lo que queremos vivir y obtener. Yo uso cuadernos para escribir en presente lo que tengo y lo que agradezco tener. Un consejo: prende una vela verde para la abundancia mientras manifiestas.
- **Luna llena:** es el momento más esperado, el culmen de tus propósitos y el momento idóneo para pensar en el camino que has labrado. Es la fase perfecta para hacer rituales nocturnos y relacionados con los sueños. Puedes intentar meditar o hacer regresiones que te estabilicen y aten cabos. Recomiendo velas blancas y azules.

- **Cuarto menguante:** al acabar el plenilunio, la luna comienza a menguar. Empezamos a vaciarnos de las intenciones que no necesitamos, de los aspectos de nuestra vida que debemos mejorar y nos reseteamos para poder dejar paso a nuevas intenciones. Algunas sabéis que soy muy fan de hacer limpiezas energéticas, y este sería el momento idóneo. Recomiendo velas negras para limpiar. Sí, limpiar... No me hagáis mencionar a doña «te pongo dos velas negras», que nos hizo temerlas como varas verdes.

- **Luna nueva:** el reseteo está hecho, y cuando nos vamos deshaciendo de ciertas experiencias, brotan otras por resolver. Sería muy conveniente trabajar con nuestro lado «oculto» y «oscuro» sin caer en el carácter peyorativo de estas palabras, por supuesto. Cuando intentamos conocer partes de nuestra personalidad que no nos imaginamos, es como si estuviéramos encerradas con nosotras mismas. ¿A qué te recuerda eso? Efectivamente, tras la pandemia que vivimos, descubrimos facetas nuestras que no esperábamos conocer.

Mucha gente se sorprendía al encontrarse con un nuevo comienzo y punto de partida personal. Y dejadme que os diga una cosa: el autoconocimiento también es poder.

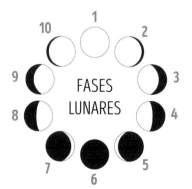

1. Luna nueva
2. Luna joven
3. Luna creciente
4. Cuarto creciente
5. Luna creciente gibosa
6. Luna llena
7. Luna gibosa menguante
8. Cuarto menguante
9. Luna menguante
10. Luna vieja

Vamos a hablar de un tema candente: los eclipses. ¿Qué pasa en caso de eclipse lunar? ¿Qué tenemos que evitar o hacer? Lo más común es pensar que son algo malo, como mercurio retrógrado. Realmente, no son ni malos ni buenos, sino momentos álgidos de energía en los que hay que saber gestionar y trabajar con una misma.

BrujiDATO

Solo hay eclipses lunares en Luna llena.

¿POR QUÉ TENEMOS PESADILLAS?

Las pesadillas son, para los más científicos, los efectos secundarios de un trauma o problema arraigado en nuestro subconsciente que quiere salir por donde le pille. Imagínate que intentas hundir el corcho de una botella en el mar. Como no puedes, te ayudas de piedras y elementos que pesen y puedan sujetarlo con facilidad y sin suponer un problema aparente. Si mueves esas piedras, aunque sea sin intención alguna, el corcho volverá a salir a la superficie. Que las pesadillas tuviesen relación con los malos espíritus o las energías negativas es algo que se piensa desde la prehistoria. La intervención de un demonio o súcubo en lo que soñamos puede ser tan real como lo permita tu creencia. Ahí es donde entra ese «limbo» del que hablábamos cuando te comentaba lo de las parálisis del sueño.

Aquí te dejo **cuatro soluciones para tus pesadillas** si eres una persona un poco espiritual y crees en estas cosas:

Colocar debajo de tu almohada una bolsita con camomila y anís estrellado. Son olores que ayudan a gestionar la falta de sueño y además atraen la calma y la abundancia.

 Limpiar energéticamente tu espacio, el lugar en el que descansas, para ser precisos. Nuestras camas acumulan muchísima energía, pensamientos y negatividad. Puedes sahumar, pasar incienso haciendo círculos hacia la izquierda o poner alguna velita de limpieza.

Tomar infusiones. Sé que suena supertípico y que no te vas a creer que funcione, pero te sorprenderías de lo bien que reacciona nuestro cuerpo cuando tomamos algo templadito antes de ir a la cama. A mí la tila me ayuda mucho.

 Meditar antes de dormir: entrar en estado meditativo te predispone a soñar y ser consciente de tus pensamientos. Es muy útil y logras un conocimiento de ti y tu entorno muy elevado.

¿CÓMO LIMPIAR EL ESPACIO DONDE DUERMES?

Te traigo un ritual nocturno muy chulo para que lo pruebes, necesitarás los siguientes ingredientes:

- Vela blanca
- Romero
- Cáscaras de huevo
- Sal
- Si tienes por casa, turmalina; aunque es opcional.

Talla tu nombre con ayuda de un lápiz en la vela mientras intentas plasmar en ella tu intención de proteger y limpiar. Tienes dos

opciones: o bien pegas con ayuda de aceite u otra vela los materiales a la vela tallada o puedes hacer un círculo alrededor de la misma con todos estos elementos. Lo ideal es dejarla prendida hasta que se consuma en un lugar seguro y vigilando que no se os incendie la casa. ¡No quiero que salgamos en los periódicos!

TIRADA DE TAROT SOBRE TUS VIDAS PASADAS

Como hemos hablado sobre las vidas pasadas y sé que varias de las personas que lean esto practican cartomancia, he creado esta tirada de tarot tan especial que te ayudará a resolver dudas sobre tus heridas kármicas y espirituales:

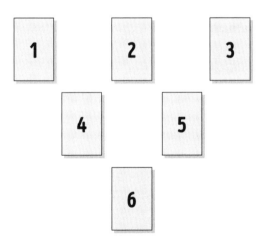

Mezcla los Arcanos Mayores de tu baraja y piensa en ti. Tus problemas, en la actualidad, dónde crees que radican y qué aspectos de tu vida crees que podrías sanar. Ahora dispón las cartas como te he indicado siguiendo el orden. Básicamente son preguntas para hablar con tu «yo» más elevado:

1. ¿Quién he sido en una de mis vidas anteriores?
2. ¿Quién o qué me ha acompañado en ese tiempo?
3. ¿Qué me queda por aprender de esa vida?
4. ¿Cómo puedo mejorar esta situación y sanar?
5. ¿Qué miedos han quedado de esa vida?
6. ¿Cuál es mi misión en mi vida actual?

LOS USOS DE LAS VELAS SEGÚN SU COLOR

Sé que esto es muy personal y que cada maestrillo tiene su librillo. A mí me funciona mucho esta asignación por colores que hago con las velas. Si conoces otra, puedes escribirla aquí y completarla.

- **Vela negra:** limpieza, trueque energético, pacto, elegancia, depuración.
- **Vela roja:** pasión, fuerza, calor, energía.
- **Vela naranja:** comunicación, exposición, don de gentes, enseñanza.
- **Vela amarilla:** riqueza, dinero, fortuna, buenos presagios.
- **Vela verde:** suerte, salud, apertura de caminos, abundancia.
- **Vela azul:** estudios, mente, relajación, calma.
- **Vela rosa:** amor propio, autoconocimiento, ego, endulzar, amor platónico, romanticismo.
- **Vela morada:** transmutación, adivinación, intención, intuición.
- **Vela blanca**: pureza, limpieza, brillo. La vela blanca, al ser el conjunto de todos los colores, puede servirte como sustituta de cualquier otra.

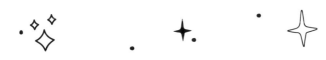

¿CÓMO CREAR UN DIARIO DE SUEÑOS?

Os he estado hablando de los diarios de sueños porque tienen un gran valor para ordenar nuestras ideas. Si no sabes muy bien cómo diseñar o actualizar el tuyo, te dejo unas pautas:

 No pensar que tienes que escribir con buena letra y modo *aesthetic*: cuando te despiertas en mitad de la noche y te acuerdas de lo que has soñado, vas a escribirlo como puedes y con los ojos pegados. No va a quedar bonito. Esto es algo que no se nos puede olvidar a las perfeccionistas y, además, sería genial si pudieras añadir dibujos de lo que ves.

 Hacerte las preguntas del reportero: «¿Qué he soñado? ¿Cuándo tenía lugar ese sueño? ¿Cómo se desarrollaba? ¿Quién estaba allí presente? ¿Dónde ubico este sueño?». Puedes hacerte un mapa mental de estas preguntas y tenerlo a mano a la hora de ponerte a escribir.

 Los audios son tus mejores amigos: si te da mucha pereza escribir y no te ves capaz de hacerlo, coge el móvil y mándale una nota de voz a alguien de tu entorno. También, si sueñas cada dos por tres con cosas raras o son sueños muy personales, puedes hacerte un grupo de WhatsApp en el que solo estés tú y mandarlos ahí. Así no le das la turra a nadie. Cuando te despiertes, pásalo todo a tu diario oficial de sueños.

 Haz, si es posible, un conteo de las horas que duermes: esto te ayudará a saber en qué fases del sueño has entrado y si estás descansando de manera correcta.

LA BOLA DE CRISTAL

Este objeto está tan estigmatizado que no sé ni por dónde empezar a explicarlo. La conexión que existe entre la vida terrenal y los minerales o cristales es muy antigua. Es por eso por lo que el uso de la bola de cristal no es solo por un «don», sino que el propio cristal es lo que te hace conectar. Cuando la utilizamos, no vamos a percibir imágenes a lo Hollywood, sino letras, colores, sensaciones..., pero rara vez una imagen clara. Mi mayor recomendación para hacerlo es la siguiente:

- **Escoge un momento y un lugar adecuado** para comenzar a meditar.
- Cuando hayas comenzado con la meditación, **sostén la bola de cristal entre tus manos.**
- **Abraza y recibe con la mente muy abierta todas las sensaciones que percibas.** Intenta hacer memoria al acabar la sesión para poder escribir la experiencia en tus anotaciones.
- **Intenta relacionar sensaciones** y colores, entrelázalos y busca una conexión.

Poco a poco irás ampliando esa conexión con tu bola y no importa el material que hayas elegido o su tamaño, notarás la cercanía y la progresión.

MEDITACIÓN DE LA «NIÑA INTERIOR»

Para terminar, te traigo algo superespecial. Me encantaría hacer esta meditación guiada a tu lado y acompañarte para abrazarte y comentarlo en tiempo real. Pero, como sabemos que no es posible, voy a explicarte qué pasos tienes que seguir para conectar con tu niña interior y sanar esas partes que puedan estar heridas.

Me gusta iniciar esta meditación teniendo una foto de mi infancia al lado para recordar que yo también he sido niña. En mí todavía existe esa niña que se equivoca y quiere aprender. Lo importante es imaginarnos, tras inducirnos un estado meditativo mediante respiraciones, una puerta delante de nosotras. Pregúntate de qué color es, cómo es. Tras ella, encontrarás a tu niña interior. Fíjate una vez más en cómo viste, habla y actúa. Tendrás unos minutos para poder comunicarte, preguntar o pedir perdón.

Lo importante de este ejercicio es quedarse en paz, tranquila y sin remordimientos. Haz todo lo que creas correcto y piensa en esa sanación de la que hablábamos. Quiero dejarte un espacio en blanco debajo de esta explicación para que puedas escribir tus conclusiones y sensaciones. Así este libro será un recuerdo importante para ti. No dudo ni medio segundo que va a ser toda una experiencia.

. . . .

. . . .

. . . .

. . . .

. . . .

. . . .

. . . .

. . . .

AGRADECIMIENTOS

Como buena manifestadora y bruja, era evidente que iba a usar una página del libro para agradecer. Esta es la base de cualquier deseo: agradeces lo vivido, lo aprendido, y deseas con todas tus fuerzas entrar en otra etapa de tu vida.

Gracias a Marta, mi editora, que con su paciencia infinita creyó en mí desde un primer momento. Quiso, con mucha valentía, visibilizar esta manera de enfocar lo que nos sucede y lo que, muchas veces, nos cuesta explicar.

Gracias a mi pareja, familia y amigos cercanos, que han contribuido con sus sueños raros y descabellados a la composición de estas páginas. A pesar de todo, siempre creyeron en mí y me mostraron su apoyo incondicional.

Gracias a mi abuelo Diego, que se dedicaba en ciertos programas de radio a hablar sobre los significados de los sueños. Siempre has marcado mi destino y espero que me acompañes en todas mis aventuras.

Gracias a ti, querida lectora. Este libro ha podido caer en tus manos como un regalo, un caprichito, una casualidad..., pero creo que ya me conoces. No creo en las casualidades. Si has llegado hasta aquí, es porque me has dado la oportunidad de mostrarte algo que no es muy común. Juntas hemos recorrido este caminito y espero que recorramos muchos más.

Y como bien diría una que yo me sé...: «Espero que te haya servido y nos vemos en el próximo. ¡Un besito, bruja!».